Externe Beratung für den Betriebsrat

Einleitung

Einem Betriebsrat stehen nach dem Betriebsverfassungsgesetz weitgehende Mitwirkungs- und Mitbestimmungsrechte zu. Ihm wird damit zugleich eine hohe Verantwortung übertragen, die Interessen der Mitarbeiter gegenüber dem Arbeitgeber angemessen zu vertreten. Die Betriebsräte benötigen hierzu einen umfangreichen Sachverstand, der neben arbeits- und betriebsverfassungsrechtlichen Kenntnissen auch personalwirtschaftliche und betriebswirtschaftliche Kompetenzen umfasst. Diese Kenntnisse können bei Betriebsräten nicht einfach vorausgesetzt werden. Der Gesetzgeber sieht daher nicht nur Schulungen (§ 37 Abs. 6, 7 BetrVG) und die Anschaffung von Fachliteratur wie zB „den Fitting" vor (§ 40 Abs. 2 BetrVG). Der Betriebsrat kann sich auch der Unterstützung durch externe Experten bedienen. Er kann sich zB in schwierigen Fällen bei Verhandlungen mit dem Arbeitgeber, bei Rechtsstreitigkeiten und auch bei Verfahren vor der Einigungsstelle durch Fachleute beraten und vertreten lassen.

Die Hinzuziehung externen Sachverstands ist von hoher Relevanz, um mit dem Arbeitgeber auf Augenhöhe verhandeln zu können. Die Arbeitgeber lassen sich regelmäßig durch Rechtsanwälte und Unternehmensberater unterstützen. Es ist nur fair, wenn hier weitgehend eine Waffengleichheit hergestellt werden kann. In der Praxis zeigt sich sehr oft, dass die Betriebsräte ihre Schulungsansprüche durchaus verfolgen, aber selten auf externen Sachverstand zurückgreifen. Dies mag daran liegen, dass hier Informationslücken bestehen, welche Möglichkeiten den Betriebsräten offen stehen und wie sie diese Unterstützung auch ggf. gegen den Willen des Arbeitgebers durchsetzen können. Diese Broschüre soll einen Beitrag leisten, diese Lücken zu schließen. Um den Zugang zu erleichtern, beschränkt sich die Darstellung auf die wichtigsten Punkte, ergänzt um Checklisten, Praxistipps und zahlreiche Muster. Die Muster im Anhang sind als Arbeitshilfen zu verstehen. Sie sind in der Regel an den jeweiligen Fall anzupassen und sollten nicht unreflektiert und ohne rechtliche Prüfung übernommen werden.

Zur besseren Lesbarkeit wurde im Folgenden auf ein Gendering verzichtet: Alle Formulierungen erfassen stets alle Geschlechter.

Der Autor

Prof. Dr. Matthias Pletke
Fachanwalt für Arbeitsrecht – Partner der Kanzlei Laborius – Die Fachanwälte für Arbeitsrecht in Hannover
Vertretung und Beratung von Betriebsräten ua bei Sozialplan- und Interessenausgleichsverhandlungen, Vergütungssystemen, Arbeitszeitmodellen und IT-Systemen
mp@laborius.eu

Inhaltsübersicht

Der Inhalt der 3. Auflage entspricht dem Inhalt der Online-Edition 26/2022

www.betriebsrat-plus.beck.de
www.vahlen.de

ISBN 978 3 8006 6955 4

Wilhelmstraße 9, 80801 München
Druck und Bindung: Himmer GmbH
Steinerne Furt 95, 86167 Augsburg

Redaktion: Claudia Schöberl, M. A., Verlag Franz Vahlen GmbH, München

Satz: Druckerei C.H.Beck, Nördlingen

Umschlaggestaltung: Martina Busch, Grafikdesign, Homburg Saar

vahlen.de/nachhaltig

Gedruckt auf säurefreiem, alterungsbeständigem Papier
(hergestellt aus chlorfrei gebleichtem Zellstoff)

I. Vertreter bei Rechtsstreitigkeiten

Der Betriebsrat kann sich zur Durchsetzung seiner Rechte gegenüber dem Arbeitgeber anwaltlicher Hilfe bedienen. Dies kann zB dann erforderlich sein, wenn der Arbeitgeber die Mitbestimmungsrechte des Betriebsrats ignoriert und etwa eine Software einführt, die zur Überwachung von Verhalten und Leistung der Mitarbeiter geeignet ist. Hier muss sich der Betriebsrat zur Wehr setzen und den Arbeitgeber, wenn außergerichtliche Aufforderungen nicht gefruchtet haben, auf Unterlassung verklagen. Der Arbeitgeber ist in diesem Fall zur Übernahme der Anwaltskosten nach § 40 Abs. 1 BetrVG verpflichtet. In diesem Kapitel wird den Fragen nachgegangen, unter welchen Voraussetzungen ein Anwalt beauftragt werden darf und wie der Betriebsrat dabei vorgeht.

1. Wann kann sich der Betriebsrat anwaltlicher Hilfe bedienen?

Der Betriebsrat kann sich vor dem Arbeitsgericht in Beschlussverfahren zB zur Durchsetzung von Betriebsratsschulungen, zur Einsicht in die Bruttolohnlisten oder bei Unterlassungsansprüchen wegen Verstößen gegen die Mitbestimmungsrechte anwaltlich vertreten lassen. Die Vertretung kann im Hauptsacheverfahren und auch im einstweiligen Verfügungsverfahren erfolgen. Ein Anwalt kann auch bereits im Vorfeld eines gerichtlichen Verfahrens zur Prüfung der Betriebsratsrechte beauftragt werden (Beratungsmandat). Auch eine außergerichtliche Vertretung des Betriebsrats gegenüber dem Arbeitgeber ist möglich, um ein gerichtliches Verfahren zu vermeiden (BAG 14.12.2016 – 7 ABR 8/15).

2. Wann muss der Arbeitgeber die Kosten tragen?

Die Kostentragungspflicht des Arbeitgebers ist auch gegeben, wenn der Betriebsrat den Rechtsstreit verliert. Eine Ausnahme gilt dann, wenn die Rechtsverfolgung von vornherein offensichtlich aussichtslos erscheint oder mutwillig wäre (BAG 18.3.2015 – 7 ABR 4/13) oder der Arbeitgeber keinen Anlass für einen Prozess gegeben hat. Der Betriebsrat wird oft nicht erkennen können, ob eine Rechtsverfolgung aussichtlos ist. Er wird sich daher bei einem Rechtsanwalt beraten lassen dürfen. Aussichtslos ist die Einleitung eines einstweiligen Verfügungsverfahrens, wenn die Antragstellung so spät und auch noch mit unvollständigen Unterlagen erfolgt, dass selbst bei einem Verzicht auf eine mündliche Verhandlung durch das Gericht nicht mit einer rechtzeitigen Entscheidung gerechnet werden kann (BAG 28.8.1991 – 7 ABR 72/90). Die Rechtsverfolgung kann als mutwillig angesehen werden, wenn der Betriebsrat unnötige Kosten verursacht, indem er statt eines möglichen Gruppenverfahrens mehrere Einzelverfahren durchführt (BAG 20.7.2009 – 7 ABR 95/07). Nicht erforderlich soll ein Rechtsstreit auch dann sein, wenn die Rechtsfrage bereits höchstrichterlich geklärt ist und in einem neuen Rechtsstreit keine Argumente vorgetragen werden, die zu einer Überprüfung dieser Rechtsprechung Anlass geben (LAG Hamm 4.12.1985 – 3 TaBV 119/83).

3. Muss eine außergerichtliche Einigung versucht werden?

Die Einleitung eines Gerichtsverfahrens kann als mutwillig anzusehen sein, wenn zuvor kein Einigungsversuch mit dem Arbeitgeber unternommen wurde (LAG Hamm 2.10.2009 – 10 TaBV 189/08). Der Betriebsrat ist daher grundsätzlich zunächst gehalten, eine außergerichtliche Klärung herbeizuführen. Hierbei sollte der Betriebsrat zunächst schriftlich sein Mitbestimmungsrecht geltend machen. Bestreitet der Arbeitgeber dieses Recht oder ignoriert er es einfach, kann bereits ein Anwalt zur außergerichtlichen Interessenvertretung beauftragt werden. Der Anwalt prüft die Ansprüche und versucht diese außergerichtlich durchzusetzen. Verweigert sich der Arbeitgeber noch immer, kann über den Rechtsanwalt beim Arbeitsgericht ein Beschlussverfahren zB auf Feststellung des Mitbestimmungsrechts oder auf Unterlassung einer Maßnahme eingeleitet werden.

4. Kann sich der Betriebsrat aussuchen, ob er einen Sachverständigen oder einen Vertreter beauftragt?

Das BAG hat entschieden, dass der Arbeitgeber die Beauftragung eines Rechtsanwalts als sachverständigen Berater des Betriebsrats (§ 80 Abs. 3 S. 1 BetrVG) stets bereits dann verweigern darf, wenn sich die Betriebsparteien über die rechtliche Beurteilung eines Mitbestimmungsrechts in einer konkreten Angelegenheit streiten (BAG 25.6.2014 – 7 ABR 70/12). In diesen Fällen ist der Betriebsrat auf die Beauftragung eines anwaltlichen (Prozess-)Vertreters gem. § 40 Abs. 1 BetrVG beschränkt, was für den Arbeitgeber regelmäßig deutlich günstiger kommt. Der Betriebsratsanwalt hat dann nach den gesetzlichen Gebühren abzurechnen (Regel-Gegenstandswert: 5.000 EUR).

Praxistipp

Hier ist aus Betriebsratssicht Vorsicht geboten. Wird ein Rechtsanwalt beauftragt, den Betriebsrat hinsichtlich einer Reorganisation eines Unternehmensbereichs zu beraten, geht es gerade nicht um die rechtliche Beurteilung eines Mitbestimmungsrechts und deren Durchsetzung. Ein Anspruch auf Kostenübernahme nach § 40 Abs. 1 BetrVG scheidet demnach aus (HessLAG 25.1.2016 – 16 TaBV 139/15). Fehlt es dann entsprechend an einer Vereinbarung mit dem Arbeitgeber über die Hinzuziehung des Sachverständigen, kann der Arbeitgeber die Übernahme der Anwaltskosten ablehnen.

5. Was ist bei der Beschlussfassung zu beachten?

Vor der Beauftragung bedarf es eines korrekten Betriebsratsbeschlusses. Eine vorherige Zustimmung des Arbeitgebers (wie es bei dem Sachverständigen nach § 80 Abs. 3 S. 1 BetrVG notwendig ist) ist nicht erforderlich. Es genügt, wenn nur über den Gegenstand der Beauftragung entschieden wird. Die Auswahl des zu beauftragenden Rechtsanwalts kann durch den Betriebsratsvorsitzenden erfolgen (Fitting BetrVG § 40 Rn. 32). Es ist aber zu beachten, dass der Beschluss des Betriebsrats im Zweifel nur für die jeweilige Instanz gilt (BAG 18.3.2015 – 7 ABR 4/13). Eine nachträgliche Genehmigung nach Abschluss der weiteren Instanz durch den Betriebsrat ist nicht möglich. Eine Ausnahme von diesem Grundsatz kann allenfalls dann in Betracht kommen, wenn es der Betriebsrat wegen der besonderen Bedeutung der Angelegenheit von vornherein für geboten und erfolgversprechend halten darf, einen Rechtsstreit durch alle Instanzen zu führen oder wenn gegen eine zugunsten des Betriebsrats ergangene Entscheidung vom Prozessgegner ein Rechtsmittel eingelegt wird (Fitting BetrVG § 40 Rn. 32). Der Beschluss des Betriebsrats zur Beauftragung des Rechtsanwalts zur Durchführung eines Beschlussverfahrens umfasst im Zweifel die gesamte Kanzlei.

Beispiel

In einem vom LAG München entschiedenen Fall wurde ein „Dr. A." mit der Einleitung und Durchsetzung von Ansprüchen in einem Beschlussverfahren beauftragt. Das Verfahren wurde dann jedoch von zwei angestellten Rechtsanwältinnen geführt. Das LAG München sah hier unter Berücksichtigung der Umstände des Einzelfalls eine Beauftragung der Kanzlei und nicht etwa des „Dr. A" als Einzelanwalt (LAG München 10.8.2016 – 11 TaBV 51/16).

Praxistipp

Vorsorglich sollte im Beschluss des Betriebsrats zur Mandatierung eines Rechtsanwalts zur Einleitung und Durchführung eines Beschlussverfahrens die gesamte Kanzlei genannt werden. An dem Verfahren können dann unterschiedliche Anwälte der Kanzlei mitwirken, da eindeutig die Kanzlei und nicht etwa ein einzelner Anwalt beauftragt wurde.

Ein Rechtsanwalt kann auch zunächst allein durch den Betriebsratsvorsitzenden beauftragt werden. Die Beauftragung ist allerdings schwebend unwirksam und durch nachträglichen Beschluss des

Betriebsrats genehmigungsfähig (BAG 18.2.2003 – 1 ABR 17/02). Die Heilung muss zeitlich vor der Prozessentscheidung erfolgen.

Zu beachten sind aber auch die allgemeinen Voraussetzungen für eine ordnungsgemäße Beschlussfassung. Beschlüsse können nur auf einer ordnungsgemäßen Betriebsratssitzung gefasst werden. Erforderlich sind eine rechtzeitige Ladung und ebenso die rechtzeitige Mitteilung der Tagesordnung. Muss in einem Eilfall ein Sachverständiger oder Anwalt hinzugezogen werden, kann es hier zu Schwierigkeiten kommen. Mängel bezüglich der Tagesordnung können nach der neueren Rechtsprechung des BAG allerdings selbst dann geheilt werden, wenn überhaupt keine Tagesordnung übermittelt wurde. Beschlüsse sind auch dann wirksam, wenn sämtliche Betriebsratsmitglieder rechtzeitig geladen sind, der Betriebsrat beschlussfähig ist und die anwesenden Betriebsratsmitglieder einstimmig beschließen, über den Regelungsgegenstand des später gefassten Beschlusses zu beraten und abzustimmen (BAG 15.4.2014 – 1 ABR 2/13; BAG 22.1.2014 – 7 AS 6/13).

6. Welche Kosten muss der Arbeitgeber tragen?

Der Arbeitgeber hat das Honorar des Rechtsanwalts zu übernehmen. Dieser hat nach der Rechtsprechung des BAG sein Honorar grundsätzlich nach den gesetzlichen Gebühren entsprechend des Rechtsanwaltsvergütungsgesetzes (RVG) abzurechnen (→ *Frage 54: Welches Honorar steht einem Sachverständigen zu?*). Die Kostenbelastung des Arbeitgebers ist dadurch gemildert, dass in Beschlussverfahren vom Gericht keine Gebühren und Auslagen erhoben werden (§ 12 Abs. 5 ArbGG). Bei betriebsverfassungsrechtlichen Streitigkeiten kommen nur außergerichtliche Kosten in Betracht. Hierzu zählen neben den Kosten des Rechtsanwalts auch weitere Kosten des Betriebsrats etwa in Form von Fahrtkosten zu einem auswärtigen Termin.

7. Darf ein auswärtiger Rechtsanwalt beauftragt werden?

Wird an Stelle eines ortsansässigen ein auswärtiger Rechtsanwalt beauftragt, so sind die dadurch entstehenden Mehrkosten nach der Rechtsprechung des BAG nur dann zu erstatten, wenn

- der beauftragte Rechtsanwalt für die maßgeblichen Rechtsfragen über eine besondere Sachkompetenz verfügt und
- der Betriebsrat einen am Ort ansässigen Rechtsanwalt mit den gleichen Qualifikationen nicht finden konnte, der zur Übernahme des Mandates bereit war, oder eine Suche nach den konkreten Umständen nicht möglich oder zumutbar war (BAG 15.11.2000 – 7 ABR 24/00).

Das Kostenrisiko beschränkt sich hierbei auf die Fahrtkosten zum Gericht und möglicherweise auf ein erhöhtes Tages- und Abwesenheitsgeld.

8. Muss gewerkschaftlicher Rechtsschutz genutzt werden?

Nach der Rechtsprechung des BAG hat der Betriebsrat ein Wahlrecht, ob er sich durch einen Rechtsanwalt vertreten lässt oder gewerkschaftlichen Rechtsschutz in Anspruch nimmt. Er muss sich nicht darauf verweisen lassen, dass eine gewerkschaftliche Vertretung kostengünstiger wäre (BAG 20.10.1999 – 7 ABR 37/98).

9. Darf sich der Betriebsrat in allen Instanzen anwaltlicher Hilfe bedienen?

Der Betriebsrat kann sich grundsätzlich von einem Rechtsanwalt in jeder Instanz vertreten lassen und sich damit auch gegen negative Entscheidungen der Vorinstanz wehren. In Beschlussverfahren werden Entscheidungen des Arbeitsgerichts (1. Instanz) im Wege der Beschwerde angegriffen (§ 87 ArbGG). Die Beschwerde wird vor dem jeweiligen Landesarbeitsgericht verhandelt (2. Instanz). Die gegen die Entscheidung des LAG einzulegende

Rechtsbeschwerde wird vom BAG entschieden (3. Instanz), wobei hier Anwaltszwang besteht.

10. Kann ein einzelnes Betriebsratsmitglied einen Anwalt beauftragen?

Soweit erforderlich, kann auch ein einzelnes Mitglied des Betriebsrats einen Rechtsanwalt hinzuziehen. Dies kann etwa der Fall sein, wenn sich ein Betriebsratsmitglied in einem Ausschlussverfahren nach § 23 Abs. 1 BetrVG verteidigen will. Die Kosten für den Anwalt sind nur dann nicht zu erstatten, wenn eine Verteidigung offensichtlich aussichtlos ist. Dies wurde dann angenommen, wenn das Mitglied die Pflichtverletzungen nicht bestreitet und diese als grobe Pflichtverletzung zu qualifizieren sind (BAG 19.4.1989 – 7 ABR 6/88). Streitet ein Betriebsratsmitglied vor dem Arbeitsgericht um Entgeltansprüche, so sind die Gerichts- und/oder Anwaltskosten nicht zu den Kosten der Betriebsratstätigkeit nach § 40 Abs. 1 BetrVG zu rechnen.

11. Kann der Gesamt- und Konzernbetriebsrat einen Anwalt beauftragen?

Nach § 40 Abs. 1 BetrVG trägt der Arbeitgeber die durch die Tätigkeit des Betriebsrats entstehenden Kosten, zu denen auch die Anwaltskosten gehören können. Diese Regelung gilt gem. § 51 Abs. 1 S. 1 BetrVG für den Gesamtbetriebsrat und nach § 59 Abs. 1 BetrVG für den Konzernbetriebsrat entsprechend. Beide betriebsverfassungsrechtlichen Organe können also Anspruch auf eine anwaltliche Vertretung haben.

12. Darf die JAV einen Rechtsanwalt beauftragen?

Die Jugend- und Auszubildendenvertretung ist kein selbstständiges Mitwirkungsorgan der Betriebsverfassung. In einem Verfahren nach § 78a Abs. 4 BetrVG (Übernahmeverpflichtung von besonders geschützten Auszubildenden) darf der Betriebsrat daher neben der Beauftragung des ihn vertretenden Rechtsanwalts keinen weiteren Rechtsanwalt zur Vertretung der Jugend- und Auszubildendenvertretung beauftragen. Der Anwalt des Betriebsrats muss die Interessen der Jugend- und Auszubildendenvertretung mit vertreten (BAG 18.1.2012 – 7 ABR 83/10).

13. Was gilt, wenn sich der Arbeitgeber weigert, die Kosten zu tragen?

Der Arbeitgeber kann den Straftatbestand des § 119 BetrVG durch eine Behinderung oder Störung der Amtsführung des Betriebsrats begehen. Dieser Tatbestand kann erfüllt sein, wenn sich der Arbeitgeber beharrlich weigert, die Kosten der Amtsführung nach § 40 BetrVG zu tragen (ErfK/Kania BetrVG § 119 Rn. 3). Dies kann auch die Kosten eines Beraters, eines Sachverständigen oder eines Vertreters betreffen. In diesem Zusammenhang kann es auch strafbar sein, die vom Betriebsrat verursachten Kosten betriebsöffentlich bekannt zu geben (BAG 12.11.1997 – 7 ABR 14/97). Hier wird auch ein Unterlassungsanspruch des Betriebsrats nach § 23 BetrVG gegeben sein. Der Straftatbestand dürfte in dem Fall erfüllt sein, wenn der Arbeitgeber für ein Kalenderjahr einen Prämienpool für alle Mitarbeiter bereitstellt, der sich um die Kosten der Betriebsratsarbeit in diesem Jahr mindern soll.

14. Darf ein Rechtsanwalt für Strafanträge gegen den Arbeitgeber beauftragt werden?

Der Betriebsrat kann einen Rechtsanwalt auch bei Inanspruchnahme des Strafantragsrechts des Betriebsrats nach § 119 Abs. 2 BetrVG wegen Behinderung oder Störung der Betriebsratstätigkeit hinzuziehen (LAG Düsseldorf 12.8.1993 – 14 TaBV 54/93). Gleiches gilt bei der Erstattung einer Ordnungswidrigkeitsanzeige nach § 121 BetrVG (LAG SchlH 14.11.2000 – 1 TaBV 22a/00). Dem Betriebsrat ist es unbenommen, neben der strafrechtlichen Verfolgung parallel auch Unterlassungsansprüche nach § 23 Abs. 3 BetrVG durch einen Rechtsanwalt im Rahmen eines Beschlussverfahrens verfolgen zu lassen (LAG Düsseldorf 12.8.1993 – 14 TaBV 54/93).

Praxistipp

Checkliste für die Anwaltsbeauftragung:

Bei der Anwaltsbeauftragung sollte folgende Reihenfolge beachtet werden:

- *Aufnahme in die Tagesordnung*
- *ordnungsgemäße Ladung*
- *ordnungsgemäße Beratung*
- *ordnungsgemäße Beschlussfassung*
- *Übermittlung des Beschlusses an den Arbeitgeber*
- *Beauftragung der Rechtsanwaltskanzlei*

II. Beisitzer in der Einigungsstelle

Eine Einigungsstelle wird zumeist dann errichtet, wenn sich die Betriebsparteien in Angelegenheiten der zwingenden Mitbestimmung nicht einigen können. Dies gilt zB in sozialen Angelegenheiten nach § 87 BetrVG und bei der Aufstellung eines Sozialplans bei Betriebsänderungen nach § 112 Abs. 4 BetrVG. Der Spruch der Einigungsstelle ersetzt die Einigung der Betriebsparteien. Die Einigungsstelle besteht aus einer gleichen Anzahl von Beisitzern und einem neutralen Vorsitzenden. In der Regel sind zwei Beisitzer für jede Seite ausreichend, aber auch erforderlich (LAG Bln-Bbg 23.7.2015 – 26 TaBV 857/15). Bei komplexen oder schwierigen Streitfällen kann auch eine höhere Anzahl an Beisitzern notwendig sein. Können sich die Betriebsparteien nicht über die Zahl der Beisitzer einigen, wird diese auf Antrag vom Arbeitsgericht festgelegt (§ 100 ArbGG). Der Betriebsrat kann sowohl interne als auch externe Personen bestellen. Nachfolgend soll geklärt werden, welche Anforderungen an die Bestellung externer Beisitzer zu stellen sind und wie die Vergütung für diese Personen geregelt ist.

15. Kann der Betriebsrat externe Personen als Beisitzer bestellen?

Über die von ihnen zu bestellenden Beisitzer entscheidet die jeweilige Betriebspartei autonom (§ 76 Abs. 2 S. 1 BetrVG). Danach kann der Betriebsrat grundsätzlich frei darüber bestimmen, ob er sich für einen oder mehrere interne oder externe Beisitzer entscheidet. Er kann auch ausschließlich externe Beisitzer bestellen, wenn nach seiner Ansicht keine internen Personen vorhanden sind, die er für geeignet hält und die sein Vertrauen genießen (BAG 28.5.2014 – 7 ABR 36/12). Üblich ist eine Kombination aus internen und externen Beisitzern.

16. Welche Voraussetzungen soll ein externer Beisitzer erfüllen?

Das Gesetz sieht keine besonderen persönlichen Voraussetzungen für einen Beisitzer vor (Fitting BetrVG § 76 Rn. 14). Grundsätzlich werden jedoch interne und externe Personen ausgewählt, die das Vertrauen der jeweiligen Betriebspartei genießen, die Interessen der jeweiligen Seite zu wahren und tragfähige Kompromisse zu erarbeiten. Hierzu sind entsprechende fachliche Kenntnisse notwendig. Gerade auch mit externen Beisitzern können erforderliche arbeitsrechtliche und betriebswirtschaftliche Spezialkenntnisse in die Einigungsstelle geholt werden (BAG 20.8.2014 – 7 ABR 64/12). Der Betriebspartei ist es vor diesem Hintergrund verwehrt, Personen als Beisitzer zu benennen, die mangels entsprechender Kenntnisse und Erfahrungen offenkundig ungeeignet sind (BAG 28.5.2014 – 7 ABR 36/12). Hieran ist aber ein strenger Maßstab anzulegen.

17. Kann ein Rechtsanwalt als Beisitzer bestellt werden?

Der Betriebsrat kann auch einen Rechtsanwalt als Beisitzer benennen, was in der Praxis auch häufig vorkommt. Dieser wird dann nicht als Rechtsanwalt tätig, sondern nebenberuflich als Vertrauensperson des Betriebsrats (BAG 20.2.1991 – 7 ABR 6/90). Dementsprechend findet auch das RVG in diesem Fall keine Anwendung.

18. Wie erfolgt die Bestellung eines externen Beisitzers?

Die Bestellung der vom Betriebsrat zu benennenden (externen) Beisitzer erfolgt durch Beschluss, der den allgemeinen Wirksamkeitsvoraussetzungen unterliegt (Fitting BetrVG § 76 Rn. 13). Die Beisitzer sind nicht zur Übernahme der Funktion verpflichtet. Sie sind berechtigt, das Amt abzulehnen oder niederzulegen (ErfK/Kania BetrVG § 76 Rn. 11). Auch ein Betriebsrat ist nicht verpflichtet, in einer Einigungsstelle tätig zu werden (BAG 20.8.2014 – 7 ABR 64/12).

→ *Muster 3: Beschluss zur Bestellung eines externen Beisitzers für die Einigungsstelle*

19. Wie ist die Rechtsstellung eines externen Beisitzers?

Die bestellten Beisitzer treffen ihre Entscheidungen nach bestem Wissen und Gewissen, ohne an die Weisungen und Aufträge der jeweiligen Betriebspartei gebunden zu sein (BAG 18.1.1994 – 1 ABR 43/93). Hier wird deutlich, dass auch bei der Auswahl externer Beisitzer das Vertrauensverhältnis eine besondere Rolle spielt. Das Amt des internen und externen Beisitzers ist höchstpersönlich wahrzunehmen. Der Beisitzer ist danach nicht einfach berechtigt, sich durch eine andere Person – zB einen anderen Anwalt aus seiner Kanzlei – vertreten zu lassen.

→ *Muster 1: Gesamtüberblick über die verschiedenen Rollen externer Experten*

20. Welche Vergütung erhalten die externen Beisitzer?

Die externen Beisitzer erhalten in der Regel 7/10 der Vergütung des Einigungsstellenvorsitzenden (BAG 14.2.1996 – 7 ABR 24/95; LAG Köln 29.10.2014 – 11 TaBV 30/14). Dies gilt auch für Rechtsanwälte, die als Beisitzer bestellt werden. Der Einigungsstellenvorsitzende erhält häufig für den ersten Tag 2.000 bis 3.000 EUR einschließlich der Einarbeitung in den Streitstand und für die weiteren Tage 1.800 bis 2.500 EUR ggf. zzgl. MwSt. Auch ein Stundenhonorar zB in Höhe von 250 EUR kommt in Betracht (LAG Köln 29.10.2014 – 11 TaBV 30/14). Hält ein Arbeitgeber eine Vergütung von 7/10 des Vorsitzenden für überzogen, hat er die Gründe darzulegen und ggf. zu beweisen (Fitting BetrVG § 76a Rn. 25b). Umgekehrt obliegt dem Beisitzer, der eine höhere Vergütung als 7/10 beansprucht, die entsprechende Darlegungs- und Beweislast. Eine höhere Vergütung kann zB angemessen sein, wenn die zwischen dem Arbeitgeber und dem Vorsitzenden vereinbarte Vergütung extrem niedrig ist (vgl. LAG Köln 29.10.2014 – 11 TaBV 30/14). Nach überwiegender Ansicht darf wegen des Grundsatzes der Parität mit den Beisitzern der Arbeitgeberseite keine höheren Vergütungen vereinbart werden, als den vom Betriebsrat benannten Beisitzern zustehen (BAG 20.2.1991 – 7 ABR 6/90). Die Praxis sieht aber oft anders aus, da die Vergütungen für die von ihm benannten Beisitzer idR nicht öffentlich gemacht werden. Der externe Beisitzer der Betriebsratsseite wird nur über die Abrechnung des Vorsitzenden informiert, damit er sich hieran im Rahmen der 7/10-Regel orientieren kann. Der Honoraranspruch des externen Beisitzers besteht durch ein betriebsverfassungsrechtliches Schuldverhältnis direkt gegenüber dem Arbeitgeber (BAG 27.7.1994 – 7 ABR 10/93).

III. Vertreter vor der Einigungsstelle

Die Betriebsparteien können sich im Verfahren vor der Einigungsstelle statt durch einen von ihnen entsandten Beisitzer durch einen Verfahrensbevollmächtigten vertreten lassen (BAG 14.2.1996 – 7 ABR 24/95). Diese Funktion kann zB ein Verbandsvertreter oder ein Rechtsanwalt übernehmen. Die Betriebsparteien können frei entscheiden, welche Vertretungsmöglichkeit sie wählen. In diesem Kapitel soll die Rechtsstellung und die Vergütung des Vertreters geklärt werden.

21. Welche Rechtsstellung hat der Vertreter vor der Einigungsstelle?

Der Vertreter vor der Einigungsstelle ist im Gegensatz zum Beisitzer an die Weisungen und Aufträge der Betriebspartei gebunden. Er hat das Recht, wie die Betriebsparteien auch, an den Sitzungen der Einigungsstelle teilzunehmen. Der Einigungsstelle steht nicht das Recht zu, den Bevollmächtigten zurückzuweisen (Fitting BetrVG § 76 Rn. 72). Dem Verfahrensbevollmächtigten steht vor der Einigungsstelle jedoch kein Stimmrecht zu.

→ *Muster 1: Gesamtüberblick über die verschiedenen Rollen externer Experten*

Praxistipp

In der Regel werden Rechtsanwälte oder andere Fachjuristen als Beisitzer und nicht als Vertreter bestellt. Bei einer Bestellung als Beisitzer gibt es in der Regel keine Diskussionen um die Erforderlichkeit. Auch die Frage der Vergütungshöhe (7/10 des Vorsitzenden) ist weitgehend geklärt. Eine Bestellung als Vertreter sollte den Fällen vorbehalten werden, in denen die Plätze für die Beisitzer aufgrund besonderer betrieblicher Kenntnisse mit betriebsinternen Kandidaten besetzt werden müssen oder aus Gründen der Waffengleichheit zwei Juristen als externe Unterstützung vorgesehen werden sollen (→ Frage 24: Darf der Betriebsrat neben einem externen Beisitzer noch einen Verfahrensbevollmächtigten bestellen?).

22. Ist der Arbeitgeber zur Kostenübernahme verpflichtet?

Der Arbeitgeber ist zur Übernahme der Kosten eines Verfahrensbevollmächtigten des Betriebsrats nach § 40 Abs. 1 BetrVG verpflichtet, wenn die Vertretung erforderlich war. Hierüber entscheidet der Betriebsrat nach pflichtgemäßem Ermessen. Der Prüfungsmaßstab ist mit dem bei einer gerichtlichen Vertretung des Betriebsrats vergleichbar. Hierbei wird es darauf ankommen, ob schwierige Rechtsfragen und auch schwierige Fragen tatsächlicher Art zu klären sind. Die Erforderlichkeit der Beauftragung eines Verfahrensbevollmächtigten ist zu bejahen, wenn sich auch der Arbeitgeber eines externen Bevollmächtigten bedient (Fitting BetrVG § 40 Rn. 37). Das BAG sieht darin zumindest ein starkes Indiz für die Schwierigkeit des Streitgegenstandes (BAG 14.2.1996 – 7 ABR 25/95).

23. Was ist bei der Beschlussfassung zur Bestellung eines Vertreters für die Einigungsstelle zu beachten?

Die Beschlussfassung unterliegt zunächst den allgemeinen Wirksamkeitsvoraussetzungen. Im Beschluss sollte die Bevollmächtigung ausdrücklich erklärt werden. Es sollte auch die Honorarhöhe, die mit dem Vertreter vor der Beauftragung abzustimmen ist, aufgenommen werden. Grundsätzlich kann einem Vertreter vor der Einigungsstelle in dem Beschluss Verhandlungs- und auch Abschlussvollmacht für das Einigungsstellenverfahren erteilt werden. Die Abschlussvollmacht sollte jedoch nur zusammen mit einem Mitglied aus dem Betriebsrat ausgeübt werden.

→ *Muster 4: Beschluss zur Bestellung eines Vertreters für die Einigungsstelle*

24. Darf der Betriebsrat neben einem externen Beisitzer noch einen Verfahrensbevollmächtigten bestellen?

Das BAG hat in einem Fall die Erforderlichkeit bejaht, obwohl der Betriebsrat bereits einen außerbetrieblichen anwaltlichen Beisitzer bestellt hatte (BAG 14.2.1996 – 7 ABR 25/95). Diese Auffassung ist aber umstritten. In der Regel wird sich der Betriebsrat entscheiden müssen, ob er einen Verfahrensbevollmächtigten oder einen anwaltlichen Beisitzer wählt (Fitting BetrVG § 40 Rn. 38). Wählt jedoch der Arbeitgeber auch die Möglichkeit, neben einem externen Juristen als Besitzer noch einen juristischen Verfahrensbevollmächtigten für die Einigungsstelle zu bestimmen, muss auch dem Betriebsrat dieses Recht nach dem Grundsatz der Waffengleichheit zugestanden werden (Fitting BetrVG § 40 Rn. 37).

25. Wie hoch ist das Honorar des Vertreters vor der Einigungsstelle?

Das Honorar eines anwaltlichen Vertreters vor der Einigungsstelle ist nicht auf die Höhe des Honoraranspruchs eines externen Beisitzers (7/10 des Honorars des Vorsitzenden) beschränkt (BAG 14.2.1996 – 7 ABR 25/95). Die Höhe der Vergütung eines anwaltlichen Vertreters hängt vom Gegenstandswert der Angelegenheit ab. Bei einem Sozialplan bestimmt sich dieser zB nach der Differenz des von jeder Partei vorgeschlagenen Sozialplanvolumens (BAG 14.2.1996 – 7 ABR 25/95). Der Betriebsrat kann dem Anwalt aber zumindest ein Honorar in Höhe der Vergütung eines Beisitzers der Einigungsstelle zusagen (BAG 21.6.1989 – 7 ABR 78/87).

IV. Vertreter bei Verhandlungen mit dem Arbeitgeber

Es ist für eine erfolgreiche Betriebsratsarbeit wichtig, dass sich der Betriebsrat auch außerhalb von Einigungsstellen- und Gerichtsverfahren durch einen externen Spezialisten vertreten lassen kann. Dies gilt insbesondere für die Verhandlungen zum Abschluss einer Betriebsvereinbarung und damit im Vorfeld von Einigungsstellenverfahren. Auch viele Arbeitgeber lassen sich – häufig durch Rechtsanwälte – bei den Verhandlungen unterstützen. Bei komplexen Fragestellungen darf sich ein Betriebsrat durch einen Sachverständigen beraten lassen. Dies schließt aber nach der Rechtsprechung des BAG die Vertretung bei Verhandlungen gerade nicht ein (BAG 25.6.2014 – 7 ABR 70/12). Bisher war nur anerkannt, dass ein Berater auch für die Verhandlungen über einen Interessenausgleich nach § 111 BetrVG hinzugezogen werden darf. Für die damit zumeist verbundenen Verhandlungen über einen Sozialplan galt das nicht. Diese Lücke hat das BAG nunmehr geschlossen und dem Betriebsrat die Möglichkeit eingeräumt, sich grundsätzlich auch bei den Verhandlungen über den Abschluss einer Betriebsvereinbarung wie etwa einem Sozialplan eines externen Vertreters zu bedienen (BAG 14.12.2016 – 7 ABR 8/15). In diesem Kapitel wird die neue Rechtsprechung dargestellt.

26. Wann darf der Betriebsrat einen Vertreter für Verhandlungen mit dem Arbeitgeber hinzuziehen?

Nach einer aktuellen Entscheidung des BAG hat der Arbeitgeber nach § 40 Abs. 1 BetrVG die Honorarkosten eines Rechtsanwalts zu tragen, dessen Heranziehung der Betriebsrat zur Durchsetzung oder Wahrung seiner betriebsverfassungsrechtlichen Rechte im Vorfeld eines Einigungsstellenverfahrens für erforderlich halten durfte (BAG 14.12.2016 – 7 ABR 8/15). „Im Vorfeld eines Einigungsstellenverfahrens“ meint die Phase der Verhandlungen mit dem Arbeitgeber in Angelegenheiten der zwingenden Mitbestimmung, in der bei einer Nichteinigung der Parteien die Entscheidung der Einigungsstelle die Einigung der Parteien ersetzt. Hierzu können soziale (§ 87 BetrVG) und wirtschaftliche Angelegenheiten (§§ 111, 112 BetrVG) gehören. Der beauftragte Rechtsanwalt kann in diesen Fällen auch als Vertreter des Betriebsrats an den Verhandlungen zum Abschluss einer Betriebsvereinbarung teilnehmen.

27. Wann ist die Hinzuziehung eines Vertreters erforderlich?

Dem Betriebsrat steht bei der Prüfung der Erforderlichkeit ein Beurteilungsspielraum zu. Die Entscheidung des Betriebsrats unterliegt der arbeitsgerichtlichen Kontrolle. Hierbei ist diese auf die Prüfung beschränkt, ob die Hinzuziehung eines Rechtsanwalts der Erledigung einer gesetzlichen Aufgabe diente und der Betriebsrat nicht nur die Interessen der Belegschaft berücksichtigt, sondern er auch die Interessen des Arbeitgebers einbezogen hat. Hierbei ist insbesondere dem Interesse des Arbeitgebers an der Begrenzung seiner Kostentragungspflicht Rechnung zu tragen (so bereits BAG 9.6.1999 – 7 ABR 66/97). Nach der Rechtsprechung des BAG kann die Hinzuziehung eines Rechtsanwalts als Vertreter in Verhandlungen geboten sein, wenn der Regelungsgegenstand schwierige Rechtsfragen aufwirft, die zwischen den beteiligten Parteien umstritten sind und „kein Betriebsratsmitglied über den zur sachgerechten Interessenwahrnehmung und Verhandlungsführung notwendigen juristischen Sachverstand verfügt“ (BAG 14.12.2016 – 7 ABR 8/15). Dem Verhalten des Arbeitgebers kommt hier eine indizielle Bedeutung zu. Lässt sich dieser in den Verhandlungen durch einen Rechtsanwalt vertreten, kann dies als Zeichen gewertet werden, dass die Regelungsmaterie mit rechtlichen Schwierigkeiten verbunden ist (BAG 14.12.2016 – 7 ABR 8/15).

Das BAG verweist hierzu auf die vergleichbare Rechtsprechung zur Vertretung des Betriebsrats in Einigungsstellenverfahren (BAG 14.2.1996 – 7 ABR 25/95).

28. Was ist bei Beauftragung eines Vertreters zu beachten?

Es bedarf eines wirksamen Beschlusses, in dem der Vertreter und der Vertretungsgegenstand anzugeben sind. Nicht angegeben werden muss die Honorarhöhe. Anders als bei einem Sachverständigen nach § 80 Abs. 3 BetrVG ist für die Beauftragung eines Vertreters keine vorherige Vereinbarung mit dem Arbeitgeber erforderlich (BAG 18.1.2006 – 7 ABR 25/05).

→ *Muster 5: Beschluss zur Beauftragung eines Vertreters für Verhandlungen mit dem Arbeitgeber*

29. Was ist bei der Verhandlungsführung zusammen mit einem Vertreter zu beachten?

In der Praxis übernimmt der Vertreter häufig eine prominente Rolle bei den Verhandlungen mit dem Arbeitgeber. Dies ist grundsätzlich auch kein Problem, soweit der Vertreter diese Rolle durch seine Kompetenz und Verhandlungsstärke gut ausfüllt. Die Rollenverteilung sollte mit den Teilnehmern aus dem Gremium entsprechend abgestimmt werden. Der Sachverständige sollte den Betriebsrat mit seinen Beiträgen unterstützen, aber ihn nicht dominieren.

Praxistipp

Hat der Arbeitgeber den Vertreter als starken Gegenpol bei Verhandlungen ausfindig gemacht, wird nicht selten der Versuch unternommen, diesen zu diskreditieren. Typische Vorwürfe lauten: „Herr … wolle sich nur profilieren." „Er wolle die Sache wegen des weiteren Honorars in die Einigungsstelle treiben." „Er sei überhaupt nicht kompetent, um den Sachverhalt beurteilen zu können." Als Gegenmaßnahme kann es sinnvoll sein, deutlich zu machen, dass der Betriebsrat voll hinter dem Vertreter steht und jeder Vorschlag und jede Stellungnahme mit ihm abgestimmt sind. Diskussionen zwischen dem Vertreter und dem Betriebsrat sollten vor dem Arbeitgeber vermieden werden. Gelegentlich kann es nicht schaden, die durchschaute Strategie des Arbeitgebers offen anzusprechen.

30. Welches Honorar steht einem Vertreter des Betriebsrats für Verhandlungen mit dem Arbeitgeber zu?

In der Praxis sind Stundenhonorare in Höhe von 250 bis 300 EUR zzgl. MwSt. üblich. Die Rechtsprechung verlangt jedoch bei einem anwaltlichen Vertreter grundsätzlich eine Abrechnung nach dem RVG. Die Situation ist mit dem des Sachverständigen vergleichbar (→ *Frage 54: Welches Honorar steht einem Sachverständigen zu?*).

V. Sachverständiger nach § 80 Abs. 3 BetrVG

Der Betriebsrat kann zur Durchführung seiner Aufgaben Sachverständige hinzuziehen (§ 80 Abs. 3 S. 1 BetrVG). Ein Sachverständiger soll dem Betriebsrat die im konkreten Fall erforderlichen Fachkenntnisse vermitteln. Diese Vermittlung schließt auch die Feststellung von Tatsachen und auch das Ziehen von Schlussfolgerungen bei einem feststehenden Sachverhalt ein (Fitting BetrVG § 80 Rn. 90). Während die Aufgabe des Sachverständigen nach der Rechtsprechung der Arbeitsgerichte recht beschränkt ist, zeigt die Praxis, dass die Rolle eines Sachverständigen häufig darüber hinausgeht und sowohl die Beratung des Betriebsrats zB in taktischen Fragen als auch die Vertretung des Betriebsrats bei Verhandlungen mit dem Arbeitgeber einschließt. Nachfolgend sollen die rechtlichen Grundlagen der Beauftragung eines Sachverständigen aufgezeigt werden. Hierbei liegt der Fokus auch auf der Durchsetzung der Hinzuziehung eines Sachverständigen gegen den Willen des Arbeitgebers. Dabei spielen neben rechtlichen auch taktische Überlegungen eine wichtige Rolle.

31. Wann ist die Hinzuziehung eines Sachverständigen erforderlich?

Die Beiziehung eines Sachverständigen durch den Betriebsrat setzt nach § 80 Abs. 3 S. 1 BetrVG voraus, dass dies zur ordnungsgemäßen Erledigung der Aufgaben des Betriebsrats erforderlich ist. Die Erforderlichkeit ist gegeben, wenn dem Betriebsrat die Sachkunde fehlt, die gesetzlich vorgesehenen Aufgaben zu erledigen. Dem Betriebsrat steht hierbei ein Beurteilungsspielraum zu, der nur einer eingeschränkten gerichtlichen Prüfung unterliegt. Die Erforderlichkeit kann in Fragen der EDV, bei der Analyse von Geschäftsberichten, bei schwierigen Rechtsfragen oder auch bei den Vorbereitungen für einen Interessenausgleich und Sozialplan gegeben sein (BAG 13.5.1998 – 7 ABR 65/96).

Neu hinzugekommen ist der § 80 Abs. 3 S. 2 BetrVG, wonach die Hinzuziehung eines Sachverständigen stets erforderlich ist, soweit der Betriebsrat zur Durchführung seiner Aufgaben die Einführung oder Anwendung von Künstlicher Intelligenz beurteilen muss. Insoweit entfällt die Prüfung der Erforderlichkeit (BT-Drs. 19/28899, 22).

Die Sachverständigentätigkeit ist in der Regel auf die Beantwortung einzelner Fragen des Betriebsrats beschränkt. Sie kann sich aber auch auf die Durchführung eines Projekts beziehen, wie etwa die Einführung eines variablen Vergütungssystems oder eines komplexen Arbeitszeitmodells, das längerfristigen und umfangreichen Beratungsbedarf erzeugt (Fitting BetrVG § 80 Rn. 88). Die Wissensvermittlung hat immer fallbezogen zu erfolgen. Die Vermittlung von allgemeinem Wissen zu einem Sachgebiet wird durch Schulungsveranstaltungen nach § 37 Abs. 6, 7 BetrVG sichergestellt.

32. Wann liegt eine Einführung oder Anwendung Künstlicher Intelligenz vor?

Entscheidend ist hierbei der Begriff der Künstlichen Intelligenz. Da der Gesetzgeber eine Legaldefinition des Begriffs der Künstlichen Intelligenz unterlassen hat und bislang kein Konsens über den Anwendungsbereich besteht, sind in diesem Bereich Streitigkeiten zwischen den Betriebsparteien zu erwarten. Da im Zweifel durch Beschluss des Arbeitsgerichts entschieden wird, ist eine Begriffskonkretisierung durch die Rechtsprechung notwendig (Richardi BetrVG/Thüsing § 80 Rn. 103). Der Gesetzgeber umschreibt den Begriff in der Gesetzesbegründung in der Weise, dass Künstliche Intelligenz „rein softwarebasiert oder in Hardware eingebettet sein kann und in der virtuellen Welt agiert" (BT-Drs. 19/28899, 22). An die Formulierung der EU-Kommission angelehnt, lässt sich Künstliche Intelligenz als Software, welche Ergebnisse generiert oder Entscheidungen in ihrer Umgebung beeinflusst, umschreiben (vgl. Möllenkamp DB 2021, 1198). Freilich ermöglicht auch eine solche Definition keine trennscharfe Eingrenzung des Anwendungsbereichs.

33. In welchen Situationen ist die Beauftragung eines Sachverständigen sinnvoll?

Die Vielfalt der Aufgaben des Betriebsrats spiegelt auch die Situationen wider, in denen ein externer Sachverständiger einen Betriebsrat sinnvoll unterstützen kann. Hier einige Beispiele:

- Ein Arbeitgeber möchte die Software SAP einführen. Hierdurch ist es erforderlich, eine Betriebsvereinbarung zum Datenschutz der Mitarbeiter und zur Verhaltens- und Leistungskontrolle durch technische Einrichtungen (§ 87 Abs. 1 Nr. 6 BetrVG) abzuschließen. Der Sachverständige kann den Entwurf des Arbeitgebers für eine solche Betriebsvereinbarung prüfen und Änderungsvorschläge einarbeiten. Häufig nimmt er auch als Vertreter des Betriebsrats mit an den Verhandlungen mit dem Arbeitgeber teil.
- Der Inhaber eines Unternehmens mit 180 Mitarbeitern plant die Teilschließung des Betriebs, wonach 70 Mitarbeiter entlassen werden sollen. Hier kann der Sachverständige das Konzept des Arbeitgebers in betriebswirtschaftlicher Hinsicht prüfen und Alternativvorschläge für einen Interessenausgleich erarbeiten. Gleiches gilt für die Aufstellung eines Sozialplans. In beiden Fällen kann es sinnvoll sein, den Betriebsrat auch als Vertreter bei den Verhandlungen mit dem Arbeitgeber zu begleiten.
- Ein Arbeitgeber möchte für die außertariflichen Mitarbeiter ein Zielbonussystem einführen. Hier besteht ein Mitbestimmungsrecht des Betriebsrats nach § 87 Abs. 1 Nr. 10, 11 BetrVG. Es bedarf einer Rahmenregelung, die in einer Betriebsvereinbarung niederzulegen ist. Der Sachverständige kann den Betriebsrat nicht nur rechtlich beraten, sondern auch im Hinblick auf ein gerechtes und transparentes System. Er kann hierzu eigene Vorschläge erarbeiten und eine Betriebsvereinbarung entwerfen. Auch hier kann es sinnvoll sein, dass der Sachverständige die Verhandlungen mit dem Arbeitgeber auf Seiten des Betriebsrats unterstützt.
- Ein Unternehmen führt neue Formulararbeitsverträge ein. Der Betriebsrat sieht bei drei Klauseln in dem Vertrag eine mögliche Benachteiligung der Arbeitnehmer. Hier kann es die Aufgabe des Sachverständigen sein, diese drei Klauseln auf mögliche Verstöße gegen die Regelungen über allgemeine Geschäftsbedingungen (§§ 305 ff. BGB) hin zu untersuchen.
- Ein Betrieb plant die Ersetzung von Arbeitszeitkonten durch die Einführung der Vertrauensarbeitszeit. Hier besteht ein Mitbestimmungsrecht nach § 87 Abs. 1 Nr. 2 BetrVG. Auch hier wird es um die Gestaltung einer Betriebsvereinbarung gehen. Aus Sicht der Mitarbeiter sollte sichergestellt werden, dass die Arbeitszeiten durch den Betriebsrat trotzdem kontrolliert werden können und es bei den Mitarbeitern nicht zu einer Überlastung wegen ausufernder Arbeitszeiten kommt. Der Sachverständige kann hier an der Ausarbeitung der Betriebsvereinbarung mitwirken.
- In einem Unternehmen sollen die Regelungen und Bedingungen der betrieblichen Altersvorsorge geändert werden. Auch hier besteht ein Mitbestimmungsrecht des Betriebsrats, da die Beiträge zur betrieblichen Altersvorsorge dem Lohn zugerechnet werden (§ 87 Abs. 1 Nr. 10 BetrVG). Hier kann sowohl ein Jurist als auch ein Versicherungsmathematiker als Sachverständiger in Betracht kommen.
- Der Arbeitgeber führt im Betrieb die Möglichkeit mobiler Arbeit ein. Der Betriebsrat hat bei deren Ausgestaltung („wie") nunmehr ein Mitbestimmungsrecht nach dem neuen § 87 Abs. 1 Nr. 14 BetrVG. Dieses Mitbestimmungsrecht betrifft dabei beispielsweise Regelungen über Anfang und Ende der täglichen Arbeitszeit in Bezug auf mobile Arbeit, über den Ort, von welchem gearbeitet werden kann und darf, sowie Regelungen zur Erreichbarkeit und über einzuhaltende Sicherheitsstandards (BT-Drs. 19/28899, 23). Aus § 87 Abs. 1 Nr. 14 BetrVG lässt sich allerdings kein Initiativrecht zur Einführung von mobiler Arbeit entnehmen. Diese Entscheidung verbleibt allein dem Arbeitgeber.

34. Muss der Betriebsrat vor der Beauftragung eines Sachverständigen die innerbetrieblichen Informationsquellen ausschöpfen?

Der Betriebsrat muss sich zunächst vom Arbeitgeber umfassend über ein entsprechendes Vorhaben unterrichten lassen (§ 80 Abs. 2 S. 1 BetrVG). Hier ist der Betriebsrat auch gehalten, bei unzureichenden und oberflächlichen Darlegungen des Arbeitgebers nachzuhaken.

→ *Muster 6: Anforderung von Informationen beim Arbeitgeber*

Hierbei darf der Betriebsrat auch das Angebot des Arbeitgebers, dem Betriebsrat eine innerbetriebliche Auskunftsperson zur Verfügung zu stellen, nicht generell ablehnen (BAG 16.11.2005 – 7 ABR 12/05). Der Betriebsrat hat auch einen eigenen Anspruch auf Hinzuziehung einer innerbetrieblichen Auskunftsperson (→ *Frage 35: Wie unterscheiden sich betriebliche Auskunftspersonen von Sachverständigen?*). Häufig werden diese Auskünfte jedoch nicht genügen und es bleibt ausreichend Raum für die Beauftragung eines Sachverständigen.

35. Wie unterscheiden sich betriebliche Auskunftspersonen von Sachverständigen?

Betriebliche Auskunftspersonen stellen eine eigene Informationsquelle des Betriebsrats dar. Anders als bei Sachverständigen handelt es sich hierbei um Arbeitnehmer des Betriebes, die ihren internen Sachverstand dem Betriebsrat zur Verfügung stellen. Nach § 80 Abs. 2 S. 3 BetrVG hat der Arbeitgeber dem Betriebsrat zur ordnungsgemäßen Erfüllung seiner Aufgaben sachkundige Arbeitnehmer bereitzustellen. Der sachkundige Arbeitnehmer ist nicht der Vertreter des Arbeitgebers und unterliegt daher auch nicht seinen Weisungen. Der Arbeitgeber ist danach auch nicht berechtigt, an den Besprechungen zwischen der Auskunftsperson und dem Betriebsrat teilzunehmen. Dem Arbeitgeber soll nicht über die Auskunftsperson eine Überwachungsmöglichkeit des Betriebsrats eingeräumt werden (BAG 20.1.2015 – 1 ABR 25/13). Dem Recht des Betriebsrats, die Hinzuziehung betrieblicher Auskunftspersonen verlangen zu können, steht die Pflicht gegenüber, diese Erkenntnisquelle zumindest bei einem entsprechendem Angebot des Arbeitgebers auch zu nutzen (BAG 16.11.2015 – 7 ABR 12/05). Der Betriebsrat sollte ein entsprechendes Angebot des Arbeitgebers deshalb auch nicht pauschal mit dem Argument ablehnen, dass zu dieser Person kein Vertrauen bestehe. Zweifelt der Betriebsrat an der Richtigkeit der Auskünfte der Auskunftsperson oder kann diese nicht alle Fragen des Betriebsrats beantworten, kann hiernach noch immer ein Sachverständiger beauftragt werden. Im Übrigen steht dem Betriebsrat ein Vorschlagsrecht bei der Auswahl der betrieblichen Auskunftsperson zu. Der Arbeitgeber darf hiervon nur abweichen, wenn die vorgeschlagene Person offenkundig nicht geeignet ist oder betriebliche Notwendigkeiten bei dieser Person entgegenstehen (Fitting BetrVG § 80 Rn. 87).

→ *Muster 7: Antrag auf Gestellung einer betriebseigenen Auskunftsperson*

36. Darf ein Sachverständiger auch an den Verhandlungen mit dem Arbeitgeber teilnehmen?

Nach hM soll der Sachverständige konkrete Wissenslücken des Betriebsrats ausgleichen, aber nicht an seine Stelle treten. Danach besteht kein Anspruch des Betriebsrats, einen Sachverständigen zu Verhandlungen mit dem Arbeitgeber hinzuzuziehen (BAG 14.12.2016 – 7 ABR 8/15; Fitting BetrVG § 80 Rn. 91). Nach der neuen Rechtsprechung des BAG kann der Betriebsrat aber, soweit erforderlich, einen Vertreter nach § 40 BetrVG zu den Verhandlungen hinzuziehen. Der Betriebsrat kann trotzdem versuchen, einen Sachverständigen auch für die Verhandlungen, zB über den Abschluss einer Betriebsvereinbarung, durchzusetzen. Hier besteht der Vorteil, dass hierüber eine Vereinbarung getroffen wird und daher nachgelagert kein Streit im Hinblick auf die Erforderlichkeit und die Honorarhöhe entsteht.

Praxistipp

Die nachstehenden Argumente können für die Durchsetzung hilfreich sein:

- ***Argument der Waffengleichheit,** falls auch der Arbeitgeber einen externen Berater (zB Rechtsanwalt) an den Verhandlungen teilnehmen lässt.*
- ***Argument des ständigen Beratungsbedarfs** bei den Verhandlungen zB zu rechtlichen Fragen, Auswirkungen auf die Belegschaft usw. Der Sachverständige wird sich, so könnte argumentiert werden, während der Verhandlungen im Betriebsratsbüro aufhalten und er wird vom Betriebsrat bei jeder Unterbrechung konsultiert.*
- ***Argument des drohenden Einigungsstellenverfahrens,** da der Betriebsrat letztlich die Einsetzung einer Einigungsstelle erzwingen kann. An den Verhandlungen der Einigungsstelle kann der Sachverständige dann idR als Vertreter oder Beisitzer teilnehmen.*

37. Ist das Recht des Betriebsrats auf Hinzuziehung eines Sachverständigen in EDV-Fragen eingeschränkt?

Das BAG hat das Recht des Betriebsrats auf Hinzuziehung eine Sachverständigen zu Fragen der Datenverarbeitung dergestalt eingeschränkt, dass der Betriebsrat zuvor verschiedene Stufen der innerbetrieblichen Informationsgewinnung durchlaufen muss (BAG 26.2.1992 – 7 ABR 51/90). Hierbei gibt es allerdings keinen grundsätzlichen Unterschied zwischen EDV-Fragen und anderen Sachverhalten. Zunächst muss der Betriebsrat in der ersten Stufe vom Arbeitgeber alle notwendigen Informationen über das geplante Vorhaben abverlangen. Hierzu kann ein entsprechender Fragenkatalog vorbereitet werden. Beispielhaft kann der Betriebsrat bei der Einführung einer Software wie SAP ua fragen:

- Welche EDV-Systeme mit welchen Modulen sollen zu welchen Anwendungsbereichen wann und in welchen Unternehmensbereichen eingeführt werden?
- Welche personenbezogenen Daten sollen mit dem EDV-System zu welchen Zwecken erfasst, verarbeitet und/oder genutzt werden?
- Welche Daten bzw. welche mögliche Verknüpfung von Daten ermöglicht eine Kontrolle des Verhaltens oder der Leistung von Mitarbeitern?
- Wie sollen die Nutzungsrechte (Rollen und Berechtigungen) ausgestaltet werden? usw.

Genügen die hiernach abgefragten Informationen nicht, muss der Betriebsrat weitere Informationsquellen nutzen. Hierbei darf er auch eine Unterrichtung durch die EDV-Abteilung oder den Datenschutzbeauftragten nicht ablehnen (betriebliche Auskunftsperson). Ist auch diese Unterrichtung unzureichend, darf der Betriebsrat einen Sachverständigen hinzuziehen.

38. Darf der Wirtschaftsausschuss einen Sachverständigen beauftragen?

Nach § 108 Abs. 2 S. 3 BetrVG kann ein Sachverständiger auch durch den Wirtschaftsausschuss hinzugezogen werden. Hier gelten die gleichen Voraussetzungen wie bei § 80 Abs. 3 BetrVG. Es bedarf eines ordnungsgemäßen Beschlusses des Wirtschaftsausschusses (auch ein Beschluss des Betriebsrats dürfte genügen) und einer entsprechenden Vereinbarung zwischen Wirtschaftsausschuss und Arbeitgeber, in der die Person des Sachverständigen, die Kosten und das Thema festzulegen sind (LAG Bln-Bbg 20.1.2015 – 7 TaBV 2158/14). Die Beauftragung muss erforderlich sein. Grundsätzlich sollte der Wirtschaftsausschuss selbst die fachliche Eignung besitzen (vgl. ErfK/Kania BetrVG § 108 Rn. 8). Dies wird aber bei komplexen Fragestellungen etwa zu Bilanzen oder der Konzernrechnungslegung nicht immer der Fall sein.

39. Hat der Wahlvorstand das Recht, einen Sachverständigen hinzuzuziehen?

§ 80 Abs. 3 BetrVG findet auf die Hinzuziehung eines Sachverständigen für den Wahlvorstand zur Durchführung einer Betriebsratswahl entsprechende Anwendung. Es bedarf also auch hier einer vorherigen Vereinbarung mit dem Arbeitgeber, in der das Thema, der Sachverständige und dessen Vergütung festgelegt werden. Weigert sich der Arbeitgeber, eine entsprechende Vereinbarung abzuschließen, obwohl die Hinzuziehung erforderlich ist, so kann der Wahlvorstand die Zustimmung des Arbeitgebers vor dem Arbeitsgericht ersetzen lassen (BAG 11.11.2009 – 7 ABR 26/08). Hiernach kann der Wahlvorstand einen Rechtsanwalt beauftragen, der den Wahlvorstand hinsichtlich rechtlicher Fragen im Zusammenhang mit einer Betriebsratswahl beraten soll. Der Vergütungsanspruch folgt hier aus §§ 20 Abs. 3, 80 Abs. 3 BetrVG.

40. Dürfen Gesamtbetriebsrat und Konzernbetriebsrat einen Sachverständigen beauftragen?

In § 51 Abs. 1 BetrVG (Gesamtbetriebsrat) und § 59 BetrVG (Konzernbetriebsrat) findet sich zwar jeweils ein Verweis auf § 40 BetrVG. Es fehlt aber die Einbeziehung von § 80 Abs. 3 BetrVG. Das BAG sieht hierin eine „planwidrige Unvollständigkeit“ und gesteht sowohl dem Gesamt- also auch dem Konzernbetriebsrat grundsätzlich die Hinzuziehung eines Sachverständigen zu (BAG 11.11.2009 – 7 ABR 26/08).

41. Was ist bei der Beschlussfassung über die Hinzuziehung eines Sachverständigen zu beachten?

Die ordnungsgemäße Beauftragung einer sachverständigen Person setzt eine ordnungsgemäße Beschlussfassung des Betriebsrats voraus (BAG 17.8.2005 – 7 ABR 56/04; LAG Bln-Bbg 20.1.2015 – 7 TaBV 2158/14). Der Beschluss sollte bereits die drei Regelungspunkte beinhalten, die in der näheren Vereinbarung mit dem Arbeitgeber festzuhalten sind (Person, Kosten, Thema). Hierbei muss das Thema nur grob umschrieben werden (zB Einführung eines Zielbonussystems für die außertariflichen Mitarbeiter). Bei einzelnen Rechtsfragen sollten diese konkret benannt werden. Die Person des Sachverständigen sollte konkret bezeichnet werden. Bei einer juristischen Person genügt die Angabe der Gesellschaft unter Nennung der Rechtsform und der Anschrift. Bei der Nennung der voraussichtlichen Kosten genügt idR die Angabe des Stundensatzes des Sachverständigen. Soweit der Beratungsumfang abzusehen ist, kann der voraussichtliche Stundenumfang angegeben werden. Fehlt es an einem Beschluss des Betriebsrats, kann der Arbeitgeber später die Kostenübernahme verweigern.

→ *Muster 8: Beschluss zur Beauftragung eines Sachverständigen nach § 80 Abs. 3 S. 1 BetrVG*

42. Welchen Mindestinhalt muss die Vereinbarung über die Hinzuziehung eines Sachverständigen mit dem Arbeitgeber haben?

In der nach § 80 Abs. 3 S. 1 BetrVG erforderlichen näheren Vereinbarung mit dem Arbeitgeber sind nach der Rechtsprechung des BAG (BAG 19.4.1989 – 7 ABR 87/87)

- das Thema, zu dessen Klärung der Sachverständige hinzugezogen werden soll,
- die Person des Sachverständigen und
- die voraussichtlichen Kosten seiner Hinzuziehung

festzulegen. Die Vereinbarung ist keine Betriebsvereinbarung und kann formlos getroffen werden. In der Regel fordert der Betriebsrat den Arbeitgeber jedoch schriftlich zur Kostenübernahme auf.

→ *Muster 9: Aufforderung zur Kostenübernahme für die Hinzuziehung eines Sachverständigen*

43. Wann muss die Vereinbarung über die Hinzuziehung eines Sachverständigen mit dem Arbeitgeber getroffen werden?

Das BAG hat mehrfach betont, dass die Vereinbarung mit dem Arbeitgeber über die Kostenübernahme unbedingt **vor der Auftragserteilung** an den Sachverständigen erfolgen muss (BAG 19.4.1989 – 7 ABR 87/87). Der Arbeitgeber ist andernfalls nicht zur Kostenübernahme verpflichtet. In der Praxis bedeutet dies, dass nach der Beschlussfassung durch den Betriebsrat zunächst die Kostenübernahmeerklärung durch den Arbeitgeber eingeholt werden muss. Verweigert der Arbeitgeber die Kostenübernahme oder äußert er sich nach einer weiteren Fristsetzung durch den Betriebsrat gar nicht, muss das Arbeitsgericht vor der Hinzuziehung angerufen werden. Dies kann ggf. auch im Wege der einstweiligen Verfügung erfolgen (LAG Hamm 15.3.1994 – 13 TaBV 16/94).

44. Welche Argumente bringen Arbeitgeber häufig vor und wie kann der Betriebsrat kontern?

Gegen die Hinzuziehung eines Sachverständigen bringen Arbeitgeber gerne folgende Argumente vor:

- **Ein Sachverständiger ist nicht nötig und auch nicht sinnvoll.** Hier ist zu erwidern, dass der Betriebsrat seine Aufgaben nur unter Hinzuziehung eines Sachverständigen wahrnehmen kann. Er verfügt idR gerade nicht über Juristen, Personalwirtschaftler, Betriebswirte, Bilanzfachleute oder EDV-Spezialisten. Auch kann dem Arbeitgeber sein eigenes Verhalten vorgehalten werden. Beauftragt dieser eine Unternehmensberatung oder einen Anwalt, zeugt dies von einem erforderlichen externen Sachverstand, dessen Hinzuziehung bereits aus Gründen der Waffengleichheit beiden Betriebsparteien zustehen sollte.
- **Ein Sachverständiger verursacht zu hohe Kosten.** Die Kosten für einen Sachverständigen gehören nach § 40 Abs. 1 BetrVG zu den Geschäftsführungskosten. Sie sind damit notwendige Aufwendungen des Betriebsrats. Tatsächlich liegen die Kosten zumeist unter denen von Unternehmensberatungen, die häufig von Arbeitgebern beauftragt werden. Diese rücken oft mit ganzen Teams an, die dann alle nach Tagessätzen zu vergüten sind.
- **Der Sachverständige kennt die betrieblichen Gegebenheiten nicht.** Erfahrene Sachverständige kennen die Abläufe und Gegebenheiten aus vielen Betrieben. Gerade dieses Wissen können sie einbringen. Es ermöglicht ihnen auch, sich schnell in die besonderen Fragestellungen eines Unternehmens einzuarbeiten. Dies wird auch von jeder Unternehmensberatung erwartet.
- **Der Betriebsrat kann doch die Kenntnisse selbst erwerben.** Schulungen haben einen anderen Zweck (BAG 25.6.2014 – 7 ABR 70/12). Sie dienen dazu, allgemeine Kenntnisse zu einem Rechtsgebiet oder einem Personalinstrument zu erwerben. Der Sachverständige berät aber in konkreten, den Betrieb betreffenden Fragestellungen. Schulungen können ergänzend besucht werden (→ *Schulung und Arbeitsmittel / Einleitung*).
- **Mehrere Betriebsräte sind doch in der Gewerkschaft.** Gewerkschaftsvertreter können auch als Sachverständige tätig werden (dann haben sie allerdings einen gesonderten Honoraranspruch, was der Arbeitgeber häufig übersieht). Der Betriebsrat ist aber selbstverständlich nicht verpflichtet, sich an die Gewerkschaft zu wenden.
- **Aus Geheimhaltungsgründen können wir keiner externen Person über betriebsinterne Abläufe und Vorhaben Auskünfte erteilen.** Sachverständige unterliegen der Geheimhaltungspflicht, was ausdrücklich durch den Verweis in § 80 Abs. 4 auf § 79 BetrVG geregelt ist (→ *Frage 55: In welchem Umfang unterliegt der Sachverständige einer Verschwiegenheitspflicht?*).

45. Welche Möglichkeiten stehen dem Betriebsrat zu, wenn der Arbeitgeber die Hinzuziehung des Sachverständigen ablehnt?

Kommt eine Vereinbarung nicht zustande, kann der Betriebsrat vor dem zuständigen Arbeitsgericht ein Zustimmungsersetzungsverfahren einleiten. Der Antrag auf Ersetzung der Zustimmung des Arbeitgebers muss Thema, Person und Honorar hinreichend genau bezeichnen (BAG 25.7.2014 – 7 ABR 70/12). Er darf auch in dringenden Fällen den Sachverständigen nicht ohne Einigung mit dem Arbeitgeber beiziehen. Er muss in diesem Fall notfalls die Zustimmung des Arbeitgebers im einstweiligen Verfügungsverfahren ersetzen lassen (BAG 11.11.2009 – 7 ABR 26/08). Hält das Arbeitsgericht eine Beauftragung für erforderlich, ist der Arbeitgeber verpflichtet, sowohl die Kosten der Beauftragung des Sachverständigen als auch die Kosten des anwaltlichen Vertreters des Betriebsrats im Beschlussverfahren zu übernehmen. Auch wenn der Betriebsrat den Prozess verliert, ist der Arbeitgeber zur Übernahme der Anwaltskosten verpflichtet, soweit das Verfahren nicht von vornherein offensichtlich aussichtlos oder mutwillig war (BAG 29.7.2009 – 7 ABR 95/07).

→ *Muster 10: Klagantrag auf Ersetzung der Zustimmung zur Hinzuziehung eines Sachverständigen*

46. Wie geht der Betriebsrat bei einer Weigerung des Arbeitgebers vor?

Der Betriebsrat kann sich an folgender Vorgehensweise orientieren:

- Ausschöpfen aller internen Informationsquellen, Fragenkatalog an den Arbeitgeber, Angebot von internen Auskunftspersonen annehmen.
- Beschlussfassung unter genauer Nennung des Themas der Sachverständigentätigkeit, der Person und der Kosten und vorsorglicher Beschluss bzgl. Einleitung eines arbeitsgerichtlichen Beschlussverfahrens.
- Aufforderung zur Zustimmung unter Fristsetzung an den Arbeitgeber.
- Einleitung des Beschlussverfahrens auf Zustimmungsersetzung durch das Arbeitsgericht.
- Es ist rechtlich nicht geklärt, ob der Betriebsrat die Verhandlungen mit dem Arbeitgeber bis zur Durchsetzung des Sachverständigen verweigern darf. Er kann aber deutlich machen, dass keine Stellungnahme zu den Regelungspunkten zB einer Betriebsvereinbarungen abgegeben oder gar dem Abschluss einer Betriebsvereinbarungen zugestimmt werden kann.
- Bei hartnäckiger Verweigerung kommen auch der Abbruch der Verhandlungen und die Einleitung eines Einigungsstellenverfahrens in Betracht.

47. Ab wann wirkt der Ersetzungsbeschluss des Gerichts?

Der Ersetzungsbeschluss des Arbeitsgerichts hat keine rückwirkende Kraft. Der Betriebsrat kann einen Sachverständigen damit auf Kosten des Arbeitgebers erst nach Eintritt der Rechtskraft hinzuziehen. Legt der Arbeitgeber Rechtsmittel ein, sind ggf. mehrere Instanzen zu durchlaufen. In Eilfällen kommt eine einstweilige Verfügung in Betracht, die bei ihrem Erlass eine schnelle Beauftragung ermöglicht.

48. Welche Personen kommen grundsätzlich als Sachverständige in Betracht?

Sachverständige sind externe Personen, also keine Betriebs- oder Unternehmensangehörige, die den Betriebsrat in einem konkreten Fall fachlich beraten sollen. Sie müssen über eine fachliche Expertise verfügen, wobei es hier keine formelle Voraussetzung gibt. Sachverständige sind zumeist Rechtsanwälte, Fachjuristen oder Betriebswirte. In Betracht kommen aber auch je nach Fallkonstellation Arbeitswissenschaftler oder EDV-Spezialisten. Auch Gewerkschaftsvertreter können als Sachverständige fungieren. Sachverständige müssen bei ihrer Tätigkeit keine neutrale Haltung einnehmen. Vielmehr unterstützen sie den Betriebsrat durch ihr Fachwissen bei der Geltendmachung seiner Interessen (BAG 26.2.1992 – 7 ABR 51/90).

49. Wie findet der Betriebsrat einen geeigneten Sachverständigen?

Hierfür gibt es keinen perfekten Weg, aber viele Möglichkeiten:

- Eine Internetrecherche erscheint häufig als die einfachste Lösung. Doch eine schön gestaltete Homepage sagt noch nichts über die Qualität der Beratungsleistung aus.
- Empfehlungen durch andere Betriebsräte können hilfreich sein.

- Viele Betriebsräte wenden sich an die Anwälte, die sie auch in bei Rechtsstreitigkeiten vertreten. Das kann vor allem dann sinnvoll sein, wenn es ausschließlich konkrete Rechtsfragen zu klären gibt. Doch Vorsicht ist geboten, wenn es über rein rechtliche Fragestellungen hinausgeht. Soll etwa ein variables Vergütungssystem geändert werden, soll ein Job Grading System (zB Hay) eingeführt werden oder geht es um Möglichkeiten, Alternativen zu einem Personalabbau zu entwickeln, um die Stammbelegschaft zu sichern, bedarf es auch betriebswirtschaftlicher und insbesondere auch personalwirtschaftlicher Kenntnisse. Nicht alle Juristen verfügen über Kompetenzen in beiden Bereichen. Umgekehrt gilt dies auch für Betriebswirte ohne rechtliche Expertise. Hier sollte auch jeder Sachverständige seine Grenzen erkennen. In entsprechend komplexen Fällen kann es sinnvoll sein, mehrere Sachverständige hinzuziehen.
- Kontakte zu Sachverständigen werden häufig auch über Betriebsratsschulungen geknüpft. Hier kann man sich sehr gut ein Bild von der Kompetenz der Referenten machen.
- Fachveröffentlichungen können auf eine fachliche Expertise schließen lassen.
- Einige Gewerkschaften (zB IG BCE und IG Metall) verfügen über ein Beraternetzwerk.

50. Wann und wie sollte die Kontaktaufnahme mit dem Sachverständigen erfolgen?

Der Sachverständige sollte möglichst früh kontaktiert werden. Es kann dann nicht nur grundsätzlich abgeklärt werden, ob und wie der Sachverständige das Gremium unterstützen kann. Der Experte kann auch wertvolle Tipps zum taktischen Vorgehen geben. Hilfreich ist hier eine schriftliche Information über die wichtigsten Punkte. Hierzu gehören allgemeine Informationen über das Unternehmen (Größe, Standorte, Branche, Produkte, Dienstleistungen, Gremienstruktur usw) und ein knapper Abriss über das Vorhaben (zB Einführung von SAP mit dem Modul HR im Januar 20...). Im Anschluss an die schriftliche Information sollte sich ein Telefonat anschließen, in dem wechselseitig die wichtigsten Fragen gestellt werden können. Der allgemeine Informationsaustausch verkürzt sich entsprechend, wenn der Sachverständige bereits zuvor schon einmal beauftragt wurde. Es schließt sich dann das Verfahren zur Beauftragung des Sachverständigen an.

51. Was muss der Sachverständige konkret leisten?

Der Leistungsumfang der Tätigkeit des Sachverständigen sollte bereits bei der Beauftragung umrissen werden. Hierbei steuert der Betriebsrat den konkreten Leistungsumfang. Eine Beratung kann zB mündlich und/oder auch schriftlich erfolgen. Es gibt keine grundsätzliche Verpflichtung, wonach ein Sachverständiger ein schriftliches Gutachten erstellen muss (BAG 25.4.1978 – 6 ABR 9/75).

52. Wie sieht die Aufgabenverteilung zwischen Betriebsrat und Sachverständigen aus?

Der Sachverständige unterstützt und berät den Betriebsrat, er entscheidet aber letztlich nichts. Der Betriebsrat bleibt in der Verantwortung und sollte diese auch wahrnehmen. Damit müssen der Betriebsrat und vor allem die an den Verhandlungen teilnehmenden Kollegen jederzeit den vollen Informationsstand in jeder Phase der Verhandlungen haben. Wichtig sind daher nicht nur Vorgespräche, sondern auch notwendige Unterbrechungen der Verhandlungen, um sich intern abzustimmen. Auch ist der Sachverständige auf die Unterstützung des Gremiums angewiesen. Nur der Betriebsrat kennt die aktuellen Betriebsvereinbarungen und Regelungsabreden, nur er kann bestimmte Mitarbeiterdaten beschaffen.

53. Wann sollte die Beauftragung des Sachverständigen erfolgen?

Die Beauftragung des Sachverständigen sollte möglichst früh erfolgen, und zwar vor der Aufnahme von Verhandlungen mit dem Arbeitgeber. Diese steigen oft gut vorbereitet in die Verhandlungen ein und präsentieren dem Betriebsrat gleich einen entsprechenden Entwurf für eine Betriebsvereinbarung. Der Betriebsrat wird damit unter Zeit- und Entscheidungsdruck gestellt. Taktisch ist es oft sinnvoll, zusammen mit dem Sachverständigen eigene Entwürfe für eine Betriebsvereinbarung vorzubereiten.

Praxistipp

Keine Verhandlungen über eine Betriebsvereinbarung ohne vorherige vollständige Information. Aus taktischen Gründen und wegen der angeblichen Eilbedürftigkeit wird die Informationsphase häufig mit der Verhandlungsphase vermischt. Dem muss der Betriebsrat klar Grenzen setzen.

54. Welches Honorar steht einem Sachverständigen zu?

Der Betriebsrat hat den Rechtsanwalt grundsätzlich auf der Grundlage der gesetzlichen Gebühren zu beauftragen (RVG). Eine Honorarzusage, die zu einer höheren Vergütung führt – etwa ein Stundenhonorar in einer zeitlich umfangreichen Angelegenheit – darf der Betriebsrat regelmäßig nicht für erforderlich halten (BAG 20.10.1999 – 7 ABR 25/98). Das BAG hat dies in einer aktuellen Entscheidung nochmals betont und nur in strengen Grenzen Ausnahmen zugelassen (BAG 14.12.2016 – 7 ABR 8/15). Eine solche Ausnahme ist dann gegeben, wenn der Arbeitgeber einverstanden ist (eigentlich eine Selbstverständlichkeit) oder er in der Vergangenheit eine entsprechende Handhabung akzeptiert hat. Einen weiteren Ausnahmefall nimmt das BAG dann an, wenn der „Verhandlungsgegenstand eine spezielle Rechtsmaterie betrifft, der vom Betriebsrat ausgewählte, über die entsprechenden Spezialkenntnisse verfügende Rechtsanwalt zur Übernahme des Mandats nur bei Vereinbarung eines Zeithonorars bereit ist und der Betriebsrat keinen vergleichbaren qualifizierten Rechtsanwalt zu günstigeren Konditionen findet“ (BAG 14.12.2016 – 7 ABR 8/15).

Die Rechtsprechung des BAG ist abzulehnen. Es ist dem Betriebsrat nicht zumutbar, sich auf die Suche nach einem Anwalt zu machen, der seine Leistungen möglicherweise zu „günstigeren Konditionen“ anbietet. Der Betriebsrat wählt den Anwalt seines Vertrauens. Nach der Rechtsprechung des BAG muss er jetzt ggf. einen „billigeren“ Anwalt beauftragen. Auch wird die Waffengleichheit gegenüber dem Arbeitgeber nicht gewahrt. Es ist auf der Arbeitgeberseite übliche Praxis, dass diese mit ihren Rechtsvertretern Stundenhonorare vereinbaren.

Praxistipp

Bei Rechtsstreitigkeiten sind viele Arbeitsrechtsanwälte bereit, ein Mandat zu den gesetzlichen Gebühren zu übernehmen. Anders sieht dies in Fällen der Sachverständigen-tätigkeit oder der Vertretung bei Verhandlungen zum Abschluss einer Betriebsvereinbarung aus. Hier sind Stundenhonorare üblich und sollten von den Fachanwälten auch gefordert werden. Die üblichen Stundensätze liegen bei 250 bis 300 EUR zzgl. MwSt (der Presseverlag JUVE hat 2016 für Arbeitsrechtsanwälte durchschnittliche Stundensätze von 313,- EUR für Partner und 267,- EUR für angestellte Anwälte im Rahmen einer Kanzleibefragung ermittelt). Es ist weiterhin unklar, wie viele Angebote der Betriebsrat einholen muss. Analog zum öffentlichen Vergaberecht (ua bei der Vergabe von Beratungsleistungen) und der Auftragsvergabe bei größeren Instandsetzungen nach dem Wohnungseigentumsrecht sollten drei Vergleichsangebote genügen.

Gilt für den Berater, genau wie für den Sachverständigen, keine Gebührenordnung, wie etwa das RVG, ist die vertragliche Vergütung maßgebend. Aufgrund der Pflicht zur Kostenschonung wird sich diese aber an der marktüblichen Vergütung nach § 612 Abs. 2 BGB zu orientieren haben. Die übliche Vergütung kann ua nach Fachgebiet des Beraters und auch dem Ort der Leistungserbringung differieren. Lässt sich keine marktübliche Vergütung ermitteln, setzt der Berater das Honorar nach § 316 iVm § 315 Abs. 1 BGB (billiges Ermessen) fest. Es ist dann entsprechend vertraglich zu fixieren.

55. In welchem Umfang unterliegt der Sachverständige einer Verschwiegenheitspflicht?

Durch Verweis in § 80 Abs. 4 BetrVG unterliegen Sachverständige der in § 79 BetrVG normierten Verschwiegenheitspflicht, wie sie auch für die Betriebsräte gilt. Die Verschwiegenheit erstreckt sich auf Betriebs- und Geschäftsgeheimnisse. Dies sind für das Unternehmen wichtige Tatsachen, Erkenntnisse oder Unterlagen, die im Zusammenhang mit dem technischen Betrieb (Betriebsgeheimnisse) oder der wirtschaftlichen Betätigung (Geschäftsgeheimnis) stehen und nur einem eng begrenzten Personenkreis bekannt sind (Fitting BetrVG § 79 Rn. 3). Man spricht hier von einem materiellen Geheimnis. Die Verschwiegenheitspflicht besteht aber nur dann, wenn der Arbeitgeber durch ausdrückliche Erklärung darauf hingewiesen hat, dass eine bestimmte Angelegenheit unter die Verschwiegenheitspflicht fallen soll (sog. formales Geheimnis). Die Verschwiegenheitspflicht gilt nicht unter den Betriebsräten und auch nicht zwischen den Betriebsräten und dem Sachverständigen.

Praxistipp

Vorsicht ist als Betriebsrat geboten, wenn der Arbeitgeber mit dem Betriebsrat zB Verhandlungen für einen Interessenausgleich wegen einer Standortverlagerung aufnehmen will, aber die Informationen hierzu unter Geheimnisschutz fallen sollen. Die Einbeziehung kann auch im Vorfeld geschehen und einen informellen Charakter haben. Der Betriebsrat sollte in die Verhandlungen erst einsteigen, wenn er die Mitarbeiter über die geplanten Maßnahmen zumindest in Grundzügen informieren darf. Hier kann der Betriebsrat sonst sehr viel Vertrauen bei den Mitarbeitern verspielen.

56. Darf ein Sachverständiger für die Sprechstunde bestellt werden?

Der Betriebsrat darf auch Sachverständige zu der Sprechstunde hinzuziehen, soweit dies zur ordnungsgemäßen Beratung der Arbeitnehmer erforderlich ist (Fitting BetrVG § 39 Rn. 9). Hierzu bedarf es vorab einer Vereinbarung mit dem Arbeitgeber. Dies gilt auch, wenn Gewerkschaftsbeauftragte als Sachverständige an der Sprechstunde teilnehmen sollen. Vertreter der Gewerkschaften können allerdings auf Ersuchen des Betriebsrats im Rahmen der allgemeinen Unterstützungsfunktion an der Sprechstunde teilnehmen. Dies wird dann gelten, wenn dies zur sachkundigen Beratung – etwa in Tariffragen – erforderlich ist (Fitting BetrVG § 39 Rn. 9). Hierfür ist eine Zustimmung des Arbeitgebers nicht notwendig. Er ist lediglich über die Teilnahme zu unterrichten.

57. Darf ein Sachverständiger an Betriebsversammlungen teilnehmen?

Der Betriebsrat kann, soweit erforderlich, einen Sachverständigen nach § 80 Abs. 3 BetrVG zu einer Betriebsversammlung hinzuziehen. Die Teilnahme hat sich auf die relevanten Tagesordnungspunkte zu beschränken. Ein Sachverständiger kann danach etwa zu einem Thema nach § 45 BetrVG ein Referat halten. Es bedarf einer vorherigen Vereinbarung mit dem Arbeitgeber (BAG 19.4.1989 – 7 ABR 87/87).

58. Kann der Sachverständige einer Haftung unterliegen?

Der Sachverständige kann bei einer mangelhaften Leistung in Haftung genommen werden. Der Arbeitgeber kann gegen den Sachverständigen ggf. Gewährleistungsansprüche geltend machen. Dies gilt auch, wenn der Betriebsrat Vertragspartner des Sachverständigen geworden ist (Küttner Personalbuch 2021/Kreitner Sachverständiger Rn. 11).

Praxistipp

Bei der Beauftragung eines Sachverständigen sollte folgende Reihenfolge beachtet werden:

- *Aufnahme in die Tagesordnung*
- *ordnungsgemäße Ladung*
- *ordnungsgemäße Beratung*
- *ordnungsgemäße Beschlussfassung*
- *Kostenübernahmeersuchen an den Arbeitgeber (bei Ablehnung ggf. Klage)*
- *Beauftragung des Sachverständigen*

VI. Berater nach § 111 S. 2 BetrVG

In Unternehmen mit mehr als 300 Arbeitnehmern kann der Betriebsrat bei Betriebsänderungen einen Berater hinzuziehen (§ 111 S. 2 BetrVG). Für den Schwellenwert ist die Unternehmens- und nicht die Betriebsgröße maßgeblich. Durch die Neufassung des § 111 S. 2 BetrVG soll der Betriebsrat in die Lage versetzt werden, die Auswirkungen einer geplanten Betriebsänderung rasch zu erfassen und in kurzer Zeit mit Hilfe externen Sachverstands fundierte Alternativvorschläge vor allem für eine Beschäftigungssicherung so rechtzeitig zu erarbeiten, dass er auf die Entscheidung des Arbeitgebers noch Einfluss nehmen kann (BT-Drs. 14/5741, 51 f.). Es ist daher, anders als bei der Beauftragung eines Sachverständigen nach § 80 Abs. 3 BetrVG, keine vorherige Vereinbarung mit dem Arbeitgeber erforderlich. Die wichtigsten Aspekte für die Hinzuziehung eines Beraters werden nachstehend erörtert.

59. Was ist unter einer Betriebsänderung zu verstehen?

Eine Betriebsänderung liegt nach § 111 S. 2 BetrVG vor, wenn ein Betrieb oder Betriebsteil stillgelegt, eingeschränkt oder mit einem anderen Betrieb zusammengeschlossen wird, wenn ein Betrieb aufgespalten wird oder der Betriebszweck oder die Betriebsorganisation geändert oder grundlegend neue Arbeitsmethoden eingeführt werden. Eine Betriebseinschränkung kann auch durch einen bloßen Personalabbau erfolgen, auch wenn sich an den sächlichen Betriebsmitteln, wie etwa Produktionsanlagen, nichts ändert (BAG 28.3.2006 – 1 ABR 5/05). Hierbei müssen die Schwellenwerte des § 17 Abs. 1 KSchG erreicht und entsprechend eine größere Anzahl von Mitarbeitern entlassen werden. Hier gilt folgende Staffelung:

- Betriebe mit 21–59 Arbeitnehmern: mehr als 5 Arbeitnehmer
- Betriebe mit 60–499 Arbeitnehmern: 10% der Arbeitnehmer oder mehr als 25 Arbeitnehmer
- Betriebe mit 500–599 Arbeitnehmern: mindestens 30 Arbeitnehmer
- Betriebe mit über 600 Arbeitnehmern: mindestens 5% der Arbeitnehmer

60. Worauf bezieht sich die Unternehmensgröße?

§ 111 S. 2 BetrVG beschränkt das Recht des Betriebsrats auf Unternehmen, die mehr als 300 Arbeitnehmer beschäftigen. Hierbei ist es nicht erheblich, wie viele Mitarbeiter, Betriebe oder Geschäftsbereiche von der Betriebsänderung betroffen sind. Auch der Betriebsrat eines kleineren Betriebs kann einen Berater hinzuziehen, wenn der Betrieb zu einem Unternehmen mit mehr als 300 Arbeitnehmern gehört. Gleiches dürfte gelten, wenn mehrere kleinere Unternehmen einen gemeinsamen Betrieb bilden, der insgesamt über mehr als 300 Arbeitnehmer verfügt (Fitting BetrVG § 111 Rn. 118). In Unternehmen, die den Schwellenwert nicht erreichen, ist der Betriebsrat darauf angewiesen, einen Sachverständigen nach § 80 Abs. 3 BetrVG hinzuzuziehen.

61. In welchen Fällen ist die Heranziehung eines Beraters erforderlich?

Die Heranziehung eines Beraters muss zur ordnungsgemäßen Erfüllung der nach § 111 BetrVG dem Betriebsrat obliegenden Aufgaben erforderlich sein. Die Erforderlichkeit der Hinzuziehung eines Beraters wird vom Gesetzgeber nicht unterstellt (Fitting BetrVG § 111 Rn. 122). Die Erforderlichkeit wird jedoch gerade bei Umstrukturierungen aufgrund der Komplexität in der Regel zu bejahen sein. Bereits in der Gesetzesbegründung wurde betont, dass es sich bei einer Unternehmensumstrukturierung um eine „hochkomplizierte Fragestellung" handelt, bei denen der Betriebsrat „seine Beteiligungsrechte in der Regel nicht ohne fremden Sachverstand wirksam ausüben kann" (BT-Drs. 14/5741, 51 ff.). Das LAG Hessen hat entsprechend die Beauftragung eines Beraters bei Verhandlungen zum Abschluss eines Interessenausgleichs als grundsätzlich erforderlich angesehen (HessLAG 18.11.2009 – 9 TaBV 39/09).

62. Wofür ist ein Berater heranzuziehen?

Die Beratung beschränkt sich auf das „ob", „wann" und „wie" der Betriebsänderung und damit auf den Interessenausgleich (Fitting BetrVG § 111 Rn. 119). Dies entspricht auch dem Zweck der Regelung, wonach der Betriebsrat mit Hilfe des Beraters die Auswirkungen der Betriebsänderung schnell erfassen und bewerten soll. Hierzu gehört auch die Entwicklung von Alternativvorschlägen. Der Berater hat auch das Recht, für den Betriebsrat Informationsrechte auszuüben und zB einen Wirtschaftsprüferbericht oder einen konzernrechtlichen Beherrschungsvertrag beim Arbeitgeber anzufordern. Der Berater kann auch an Vorgesprächen und den Verhandlungen mit dem Arbeitgeber über den Interessenausgleich teilnehmen. Die Beratung nach § 111 S. 2 BetrVG umfasst nicht den Sozialplan, obwohl in der Regel Interessenausgleich und Sozialplan zusammen verhandelt werden. Der Betriebsrat wird aber in der Regel für die Beratung bezüglich des Sozialplans einen Sachverständigen nach § 80 Abs. 3 BetrVG hinzuziehen können. Alternativ oder ergänzend besteht nach der aktuellen Rechtsprechung des BAG die Möglichkeit, für die Sozialplanverhandlungen einen Vertreter nach § 40 BetrVG zu beauftragen (BAG 14.12.2016 – 7 ABR 8/15). Dieser kann dann zusammen mit dem Betriebsrat an den Verhandlungen auch über den Sozialplan teilnehmen (→ *Frage 68: Kann ein Externer als Sachverständiger/Berater und als Vertreter bestellt werden?*).

63. Bei welchem Verfahrensstand endet die Tätigkeit des Beraters?

Die Tätigkeit des Beraters endet, wenn die Verhandlungen über den Abschluss eines Interessenausgleichs gescheitert sind und die Einigungsstelle angerufen wurde. In der Einigungsstelle kann der Betriebsrat den Berater dann ggf. als Beisitzer oder Vertreter bestellen. Auch eine Beauftragung als Sachverständiger nach § 80 Abs. 3 BetrVG kommt während der Einigungsstellenverhandlungen in Betracht (LAG München 24.6.2010 – 2 TaBV 121/09). Allerdings ist der Sachverständige nicht berechtigt, an den Verhandlungen teilzunehmen.

64. Was ist bei der Beschlussfassung des Betriebsrats zu beachten?

Dem Betriebsrat steht es frei, ob er von der Möglichkeit der Hinzuziehung eines Beraters Gebrauch macht. Er entscheidet durch Beschluss, wobei hierfür die einfache Mehrheit genügt. Im Beschluss ist der Berater namentlich zu benennen. Gleiches gilt für den Beratungsgegenstand, der aber nur allgemein beschrieben werden muss. Der Beschluss muss Angaben zur Vergütungshöhe beinhalten, sofern diese nicht nach der Maßgabe einer Gebührenordnung – also bei Anwälten nach dem RVG – zu bestimmen sind (LAG RhPf 7.11.2011 – 7 TaBV 22/11).

65. Welche Anforderungen sind an die Person des Beraters zu stellen?

In § 111 S. 2 BetrVG wird die Person des „Beraters" nicht näher definiert. Klar dürfte sein, dass er über eine entsprechende Qualifikation verfügen muss, um den Betriebsrat in Bezug auf die Auswirkungen der vom Arbeitgeber geplanten Betriebsänderung sowie bei der Entwicklung von Alternativvorschlägen beraten zu können. Eine formale Qualifikation ist jedoch nicht erforderlich (LAG RhPf 7.11.2011 – 7 TaBV 29/11). Der Berater wird über besondere rechtliche, betriebswirtschaftliche, arbeitswissenschaftliche oder technische Kenntnisse verfügen müssen. Danach ist auch die Hinzuziehung eines rechtlichen Beraters, etwa auch eines Rechtsanwalts möglich (Fitting BetrVG § 111 Rn. 120). Der Berater kann auch ein Beratungsunternehmen und damit eine juristische Person wie etwa eine GmbH sein (LAG Hamm 26.8.2005 – 10 TaBV 152/04). Der Berater kann auch Arbeitnehmer des Unternehmens sein. In aller Regel handelt es sich jedoch um unternehmensexterne Berater.

66. Wie sind die vertraglichen Beziehungen zum Berater gestaltet?

Der Betriebsrat schließt ohne Beteiligung des Arbeitgebers mit dem Berater einen Dienstvertrag oder ausnahmsweise einen Werkvertrag. Es handelt sich um Dienste höherer Art, die der Berater leistet. Aus diesem Grund kann der Beratervertrag nach § 627 BGB jederzeit gekündigt werden. Hat der Betriebsrat das Vertrauen in den Berater verloren, kann ein anderer Berater beauftragt werden.

→ *Muster 12: Auftragserteilung für einen Berater nach § 111 S. 2 BetrVG*

67. Können mehrere Berater vom Betriebsrat hinzugezogen werden?

Die Zahl der Berater wird in der Regel auf eine Person beschränkt sein. Umfasst die Betriebsänderung allerdings unterschiedliche Teilaspekte, die von einem Berater nicht abgedeckt werden können, so kann ggf. für jeden Teilaspekt eine andere Person als Berater hinzugezogen werden (Fitting BetrVG § 111 Rn. 121).

68. Kann ein Externer als Sachverständiger/Berater und als Vertreter bestellt werden?

Das dürfte nach der neueren Rechtsprechung des BAG möglich sein (BAG 14.12.2016 – 7 ABR 8/15). Ein Berater darf nach § 111 BetrVG auch an den Verhandlungen über den Interessenausgleich bei einer Betriebsänderung teilnehmen. Dies gilt aber nicht für die Verhandlungen über den Sozialplan. Hier kann die externe Person als Vertreter tätig werden. Dies ist wichtig, da Interessenausgleich und Sozialplan in aller Regel zusammen verhandelt werden.

→ *Muster 13: Beschlussfassung über die Beauftragung eines Beraters und Vertreters nach § 111 BetrVG und § 40 BetrVG*

69. In welcher Form und wo ist die Beratung zu erbringen?

§ 111 S. 2 BetrVG sieht weder Vorgaben zur Form noch zum Ort der Beratung vor. Die Beratung kann danach mündlich und/oder schriftlich erfolgen. Die Beratung kann vor Ort beim Betriebsrat stattfinden oder sich auf die Übersendung eines Gutachtens beschränken. Die Beratungsleistungen sollten zwischen Betriebsrat und Berater abgestimmt werden.

70. Welchen Honoraranspruch hat der Berater?

In der Praxis sind Stundenhonorare in Höhe von 250 bis 300 EUR zzgl. MwSt. üblich. Die Rechtsprechung verlangt jedoch bei einem anwaltlichen Berater grundsätzlich eine Abrechnung nach dem RVG. Die Situation ist mit dem des Sachverständigen vergleichbar. (Siehe hierzu: → *Frage 54: Welches Honorar steht einem Sachverständigen zu?*).

71. Wie ist die Rechtsstellung des Beraters?

Der ordnungsgemäß hinzugezogene Berater (gilt auch für Sachverständige) hat das Recht, das Betriebsgelände zu betreten. Er kann seine Beratungsleistung etwa im Rahmen einer Betriebsratssitzung in den Räumen des Betriebsrats erbringen. Er unterliegt, ebenso wie der Sachverständige, hinsichtlich der ihm bekannt gewordenen Betriebs- und Geschäftsgeheimnisse der Verschwiegenheitspflicht (§§ 111 S. 2, 80 Abs. 4 BetrVG).

→ *Muster 1: Gesamtüberblick über die verschiedenen Rollen externer Experten*

72. Ist der Beschluss zur Beraterbestellung dem Arbeitgeber mitzuteilen?

Der Betriebsrat ist gehalten, dem Arbeitgeber den Beschluss über die Hinzuziehung des Beraters mitzuteilen, damit sich der Arbeitgeber auf mögliche Gespräche mit dem Berater einstellen kann. Die Mitteilung kann auch dazu genutzt werden, den Arbeitgeber zu einer Erklärung betreffend der Übernahme der Beraterkosten aufzufordern. Hierzu ist der Arbeitgeber nicht verpflichtet. Es zeigt sich an der Reaktion jedoch sehr schnell, ob es hier zwischen den Betriebsparteien zu einer Konfrontation kommt.

→ *Muster 14: Mitteilung an den Arbeitgeber über die Beauftragung eines Beraters*

73. Bestehen bei der Beauftragung eines Beraters Haftungsrisiken?

Die Vereinbarung mit dem Berater nach § 111 BetrVG schließt nach § 26 Abs. 2 S. 1 BetrVG regelmäßig der Betriebsratsvorsitzende. Nach einem Urteil des Bundesgerichtshofs (BGH 25.10.2012 – III ZR 266/11) kann der Betriebsratsvorsitzende Gefahr laufen, dem beauftragten Berater in analoger Anwendung des § 179 Abs. 1, 2 BGB (Vertreter ohne Vertretungsmacht) zu haften, wenn der Betriebsrat die Beauftragung nicht für erforderlich halten durfte. Nach den gleichen Grundsätzen könnte auch eine Haftung bei der Beauftragung eines Rechtsanwalts nach § 40 BetrVG in Betracht kommen. Dem Haftungsrisiko kann dadurch begegnet werden, indem bei Vertragsschluss eine Haftung des den Vertrag schließenden Betriebsrats ausgeschlossen wird (→ *Muster 12: Auftragserteilung für einen Berater nach § 111 S. 2 BetrVG*) oder dem Berater als Gegenleistung nur die Abtretung des Freistellungsanspruchs aus § 40 Abs. 1 BetrVG versprochen wird. Das Haftungsrisiko ist bei der Beauftragung eines Sachverständigen wesentlich geringer, da es einer vorherigen Vereinbarung mit dem Arbeitgeber bedarf. Die Haftung des Betriebsrats wird umfangreich dargestellt in: → *Haftung des Betriebsrats / Einleitung*.

74. Wie setzt der Betriebsrat die Übernahme der Beraterkosten durch?

Der Arbeitgeber hat die Kosten der Heranziehung des Beraters nach § 40 Abs. 1 BetrVG zu tragen. Er hat den Betriebsrat von seiner Honorarverpflichtung gegenüber dem Berater freizustellen.

Der Betriebsrat muss im Streitfall den Freistellungsanspruch gegenüber dem Arbeitgeber in einem Beschlussverfahren vor dem Arbeitsgericht durchsetzen. Nach § 83 ArbGG hat das Gericht bei Streitigkeiten über den Freistellungsanspruch den Sachverhalt von Amts wegen zu erforschen. Das enthebt den Betriebsrat allerdings nicht von der Verpflichtung zur Durchsetzung des Freistellungsanspruchs nach § 82 Abs. 2 ArbGG, § 253 Abs. 2 ZPO, den Antrag zu begründen und den Sachverhalt vorzutragen, aus dem sich der Anspruch auf Freistellung ergeben soll. Das Gericht kann dem Betriebsrat hierzu entsprechende Auflagen erteilen und zur Erfüllung eine Frist setzen. Verstreicht diese fruchtlos, kann das Gericht den Vortrag zurückweisen. Die mangelnde Klärung des Sachverhalts geht in diesem Fall zu Lasten des Betriebsrats.

Praxistipp

Der Vortrag des Betriebsrats muss danach eine genaue (substantiierte) Darlegung des Sachverhalts für jede Tatbestandsvoraussetzung beinhalten. Dies umfasst zunächst

- *die Notwendigkeit des beauftragten Beratungsgegenstands für die Erfüllung der betriebsverfassungsrechtlichen Aufgaben,*
- *die Darlegung der fehlenden erforderlichen Kenntnisse im Gremium,*
- *die fachliche Geeignetheit des Beraters und*
- *die für die Beauftragung notwendige ordnungsgemäße Beschlussfassung.*

Zum Vorbringen gehört weiterhin eine schlüssige Darlegung der Beratungsleistungen. Dies ist vor allem bei Stundenhonoraren erforderlich, da die Tätigkeiten wie etwa Aktenstudium, Rechtssprechungsrecherche oder Besprechungen mit dem Betriebsrat nicht im Beisein des Arbeitgebers stattfinden. Der Sachverständige (gleiches gilt auch für den Berater) muss allerdings keine vertraulichen Betriebsratsdetails offen legen (Fitting BetrVG § 80 Rn. 97). Selbst bei konkreten Anhaltspunkten, die auf einen überhöhten Kostenansatz hindeuten, bedarf es nur einer Begründung, die hinreichend plausibel ist.

Der Betriebsrat kann jedoch auch seinen Freistellungsanspruch gegen den Arbeitgeber an den Berater abtreten (hierzu muss dieser allerdings einverstanden sein und die Abtretung annehmen). Danach wandelt sich der Freistellungsanspruch des Betriebsrats in einen Zahlungsanspruch des Beraters um (BAG 24.10.2001 – 7 ABR 20/00).

Praxistipp

Aus taktischen Gründen kann es sinnvoll sein, keine Abtretung vorzunehmen. Durch die Abtretung wird der Berater zur Partei und kann dann im Streitfall nicht als Zeuge zur Verfügung stehen. Die Arbeit des Beraters findet nur zu einem kleinen Teil im Beisein des Arbeitgebers statt (zB bei Verhandlungen über einen Interessenausgleich) und auch der Betriebsrat ist nur teilweise anwesend. Der Umfang der vom Berater geleisteten Arbeiten, etwa bei der betriebswirtschaftlichen Prüfung einer Standortverlagerung, lässt sich nur schwer nachweisen. Neben der Erforderlichkeit wird im Streitfall häufig auch der Umfang der Beratungsleistungen durch den Arbeitgeber bestritten.

Bei der Beauftragung eines Beraters sollte folgende Reihenfolge beachtet werden:

- Aufnahme in die Tagesordnung
- Ordnungsgemäße Ladung
- Ordnungsgemäße Beratung
- Ordnungsgemäße Beschlussfassung
- Übermittlung des Beschlusses an den Arbeitgeber
- Beauftragung des Beraters

Muster

Muster 1: Gesamtüberblick über die verschiedenen Rollen externer Experten

Rolle des externen Experten	Rechtsgrundlage	Zweck der Hinzuziehung	Voraussetzungen	Vereinbarung mit Arbeitgeber erforderlich?
Vertreter bei Rechtsstreitigkeiten mit dem Arbeitgeber	§ 40 Abs. 1 BetrVG (Kosten der Amtsführung)	Rechtliche Beratung, außergerichtliche und gerichtliche Vertretung des Betriebsrats	Erforderlichkeit (zu bejahen, außer bei ganz einfachen Fragestellungen)	Nein
Vertreter bei Verhandlungen mit dem Arbeitgeber	§ 40 Abs. 1 BetrVG (Kosten der Amtsführung)	Bevollmächtigter des Betriebsrats für Verhandlungen mit dem Arbeitgeber.	Erforderlichkeit (zu bejahen bei schwierigen Themen wie Sozialplanverhandlungen)	Nein
Vertreter in der Einigungsstelle	§ 40 Abs. 1 BetrVG (Kosten der Amtsführung)	Bevollmächtigter des Betriebsrats in Verfahren vor der Einigungsstelle	Erforderlichkeit (zu bejahen, wenn auch der Arbeitgeber vertreten wird)	Nein
Beisitzer in der Einigungsstelle	§ 76 BetrVG	Beisitzer auf der Betriebsratsseite in Einigungsstellenverfahren	im Ermessen des Betriebsrats	Nein
Sachverständiger des Betriebsrats	§ 80 Abs. 3 S. 1 BetrVG	Berater des Betriebsrats zur Erfüllung der Betriebsratsaufgaben	Erforderlichkeit (zu bejahen bei schwierigen rechtlichen oder tatsächlichen Fragestellungen)	Ja
Berater des Betriebsrats	§ 111 S. 2 BetrVG	Berater des Betriebsrats bei Betriebsänderungen (Interessenausgleich)	Erforderlichkeit wird von den Gerichten idR unterstellt.	Nein

Muster 2: Beschluss zur Beauftragung einer Anwaltskanzlei nach § 40 BetrVG

Sachverhalt:

Der Arbeitgeber hat eine Telefon-Hotline in der Abteilung Kundenservice eingeführt, deren Software ua erfasst,

- welche Mitarbeiter sich an welchen Tagen für welche Zeit eingeloggt haben, um Anrufe entgegenzunehmen,
- wie viele Telefonate ein Mitarbeiter an jedem einzelnen Tag geführt hat und
- wie lange die Telefonate jeweils gedauert haben.

Der Betriebsrat hat mit Schreiben vom 14.4.20… sein Mitbestimmungsrecht geltend gemacht und den Arbeitgeber aufgefordert, die Nutzung der Telefon-Hotline zumindest bis zum Abschluss einer Betriebsvereinbarung zu unterlassen. Der Arbeitgeber hat mit Schreiben vom 28.4.20… das Bestehen eines Mitbestimmungsrechts bestritten.

Beschlüsse:

1. Der Betriebsrat beschließt nach eingehender Beratung für die Einleitung eines arbeitsgerichtlichen Beschlussverfahrens zur Durchsetzung der Unterlassungsansprüche bezüglich der Nutzung der Telefon-Hotline in der Abteilung Kundenservice eine Anwaltskanzlei zu beauftragen.

2. Der Betriebsrat beschließt weiterhin, hierfür die Anwaltskanzlei …… in …… unter Zusage einer Vergütung in Höhe der gesetzlichen Gebühren zu mandatieren.

Beschlossen am: ……

Abstimmungsergebnis: Ja: …/Nein: …/Enthaltungen: …

____

Unterschriften Betriebsratsvorsitzende(r) Betriebsratsmitglied

Muster 3: Beschluss zur Bestellung eines externen Beisitzers für die Einigungsstelle

Sachverhalt:

Die Betriebsparteien haben wegen der vom Arbeitgeber vorgesehenen Betriebsänderung, nämlich der Stilllegung der Achsenproduktion im Werk ……, über einen Interessenausgleich und einen Sozialplan verhandelt. Der Betriebsrat hat schließlich die Verhandlungen für gescheitert erklärt und die Einigungsstelle angerufen. Die Betriebsparteien haben sich auf eine(n) Vorsitzende(n) der Einigungsstelle und auf drei Beisitzer/-innen verständigt. Der/Die Berater(in) für Betriebsräte, Herr/Frau Dr. ……, hat auf Anfrage durch den Betriebsratsvorsitzenden seine/ihre Bereitschaft erklärt, als vom Betriebsrat bestellte(r) Beisitzer(in) in der Einigungsstelle mitzuwirken.

Beschluss:

Der Betriebsrat beschließt nach eingehender Beratung, den/die Betriebsratsvorsitzende(n) Herrn/Frau ……, das Betriebsratsmitglied Herrn/Frau …… und den/die Berater(in) für Betriebsräte Herrn/Frau Dr. …… als Beisitzer(in) in die Einigungsstelle zu entsenden.

Beschlossen am: ……

Abstimmungsergebnis: Ja: …/Nein: …/Enthaltungen: …

____

Unterschriften Betriebsratsvorsitzende(r) Betriebsratsmitglied

Muster 4: Beschluss zur Bestellung eines Vertreters für die Einigungsstelle

Sachverhalt:

Die Betriebsparteien haben wegen der vom Arbeitgeber vorgesehenen Betriebsänderung, nämlich der Stilllegung der Achsenproduktion im Werk ……, über einen Interessenausgleich und einen Sozialplan verhandelt. Der Betriebsrat hat schließlich die Verhandlungen für gescheitert erklärt und die Einigungsstelle angerufen. Der Betriebsratsvorsitzender Herr/Frau …… hat Herrn/Frau Rechtsanwalt/Rechtsanwältin Dr. …… kontaktiert. Er/Sie wäre bereit, den Betriebsrat als Bevollmächtigte(n) in der Einigungsstelle zu vertreten. Als Honorar wurden 7/10 des Honorars des/der Einigungsstellenvorsitzenden abgesprochen.

Beschlüsse:

1. Der Betriebsrat beschließt nach eingehender Beratung, Herrn/Frau Rechtsanwalt/Rechtsanwältin) Dr. …… zu bevollmächtigen, die Interessen des Betriebsrats im Einigungsstellenverfahren wahrzunehmen und für diesen vorzutragen. Herrn/Frau Rechtsanwalt/Rechtsanwältin Dr. …… wird ein Honorar in Höhe von 7/10 des Honorars des/der Vorsitzenden der Einigungsstelle zugesagt.

2. Der Betriebsrat beschließt weiterhin, Herrn/Frau Rechtsanwalt/Rechtsanwältin Dr. …… für den Interessenausgleich und Sozialplan Verhandlungsvollmacht zu erteilen. Herr/Frau Rechtsanwalt/Rechtsanwältin Dr. …… und der/die Betriebsratsvorsitzende Herr/Frau …… erhalten weiterhin Abschlussvollmacht, die sie nur zusammen ausüben können.

Beschlossen am: ……

Abstimmungsergebnis: Ja: …/Nein: …/Enthaltungen: …

Unterschriften Betriebsratsvorsitzende(r) Betriebsratsmitglied

Muster 5: Beschluss zur Beauftragung eines Vertreters für Verhandlungen mit dem Arbeitgeber

Sachverhalt:

Der Arbeitgeber plant die Einführung und Nutzung der Software SAP am Standort Aachen. Es sind die Komponenten SAP ERP Financials, SAP ERP Human Capital Management und SAP ERP Logistik vorgesehen. Er hat hierzu ein umfangreiches Konzept zur zeitnahen Einführung vorgelegt und zu Verhandlungen über den Abschluss einer Betriebsvereinbarung aufgefordert. Der Betriebsrat hat drei Angebote von Fachkanzleien für Arbeitsrecht eingeholt. Gegenstand der Beauftragung soll die Teilnahme an den Verhandlungen zum Abschluss einer Betriebsvereinbarung sein. Keine der Kanzleien ist bereit, das Mandat zu den gesetzlichen Gebühren zu übernehmen. Die Kanzleien verlangen alle ein Stundenhonorar von 250 EUR zzgl. MwSt. sowie 100 EUR zzgl. MwSt. für Fahrzeiten nebst Reisekosten.

Beschlüsse:

1. Der Betriebsrat beschließt nach eingehender Beratung, zur Vertretung bei den Verhandlungen mit dem Arbeitgeber zum Abschluss einer Betriebsvereinbarung zur Einführung und Nutzung der Software SAP eine Anwaltskanzlei zu beauftragen.

2. Der Betriebsrat beschließt weiterhin, hierfür Herrn/Frau Rechtsanwalt/Rechtsanwältin Dr. …… zu beauftragen. Das Honorar beträgt …… EUR zzgl. MwSt., …… EUR zzgl. MwSt. für Fahrzeiten sowie die erforderlichen Reisekosten.

Beschlossen am: ……

Abstimmungsergebnis: Ja: …/Nein: …/Enthaltungen: …

Unterschriften Betriebsratsvorsitzende(r) Betriebsratsmitglied

Muster 6: Anforderung von Informationen beim Arbeitgeber

Betriebsrat der

...... GmbH

An die Geschäftsleitung

– im Hause –

Informationsersuchen über die geplante Betriebsänderung

Sehr geehrte Damen und Herren,

zur Vorbereitung der Beratungen über die von Ihnen geplante Betriebsänderung, nämlich der Teilschließung des Werkes in Hannover, möchten wir Sie gem. § 111 BetrVG um Beantwortung der nachstehenden Fragen und um Überlassung folgender Unterlagen ersuchen:

I. Fragen zur Betriebsänderung

1. Welche inhaltlichen Veränderungen und Maßnahmen sind im Rahmen der Betriebsänderung geplant und wann und in welcher Form sollen diese umgesetzt werden?
2. Wie weit ist der Planungsstand und welche Entscheidungen sind bereits von wem getroffen bzw. umgesetzt worden?
3. Welche Alternativen zu den geplanten Maßnahmen sind geprüft und aus welchen Gründen verworfen worden?
4. Welche Auswirkungen wird die Betriebsänderung im Hinblick auf die zukünftige Mitarbeiterzahl, deren Arbeitsplatz, deren Vergütung und deren Qualifikation haben?

II. Vorzulegende Unterlagen

1. aktuelle Stellenpläne, aufgeteilt nach Kostenstellen, Abteilungen, Betriebe
2. Personalbedarfsberechnungen (kurz- und langfristig)
3. Liste der offenen Stellen und absehbar freiwerdenden Stellen des Unternehmens
4. Überstundenstatistik der vergangenen 12 Monate einschließlich der Begründung für ihre Anordnung
5. Kontenstände der Arbeitszeitkonten aller Mitarbeiter des Unternehmens
6. Gesellschafts- und Konzernverträge einschließlich Beherrschungs- und Gewinnabführungsverträge
7. Bilanz, Gewinn- und Verlustrechnung, Lage- und Risikobericht sowie Wirtschaftsprüfergutachten
8. interne Controllingunterlagen wie betriebswirtschaftliche Auswertungen, kurzfristige Erfolgsrechnungen, Deckungsbeitragsrechnungen
9. interne Planungs- und Ergebnisdaten zu Gewinn, Kosten, Produktion, Investition, Finanzierung, Personal, Beschaffung, Bestand sowie Forschung- und Entwicklung

Sie werden sicher Verständnis dafür haben, dass wir die Informationen und Unterlagen vollständig benötigen, um mit Ihnen Beratungen iSd § 111 S. 1 BetrVG aufnehmen zu können.

Mit freundlichen Grüßen

____

Unterschrift Betriebsratsvorsitzende(r)

Muster 7: Antrag auf Gestellung einer betriebseigenen Auskunftsperson

Betriebsrat der

...... GmbH

An die Geschäftsleitung

– im Hause –

Hinzuziehung einer betriebseigenen Auskunftsperson gemäß § 80 Abs. 2 BetrVG

Sehr geehrte Damen und Herren,

wir haben uns die von Ihnen überlassenen Unterlagen zur geplanten Einführung der Software PeopleSoft Human Capital Management angesehen. Da wir zu geringe eigene EDV-Kenntnisse haben, können wir Ihre Ausführungen insbesondere im Hinblick auf die Nutzung und Verknüpfung personenbezogener Daten nicht hinreichend bewerten. Der Betriebsrat hat daher auf seiner Sitzung vom ...... beschlossen, eine betriebseigene Auskunftsperson gem. § 80 Abs. 2 S. 3 BetrVG hinzuzuziehen (Kopie des Beschlusses anbei). Wir ersuchen Sie daher, hierzu schriftlich Ihre Einwilligung entsprechend § 80 Abs. 2 S. 3 BetrVG zu erteilen. Wir schlagen Herrn/Frau ...... als Auskunftsperson vor. Auch hierzu bitten wir um entsprechende Bestätigung. Wir gehen davon aus, dass Sie den/die Mitarbeiter(in) hierüber entsprechend informieren und zur Kooperation mit dem Betriebsrat anweisen. Es dürfte in Ihrem Interesse liegen, dass die Informationsphase zeitnah abgeschlossen wird. Wir sehen daher einer Rückäußerung bis zum ...... entgegen.

Mit freundlichen Grüßen

____

Unterschrift Betriebsratsvorsitzende(r)

Muster 8: Beschluss zur Beauftragung eines Sachverständigen

Der Betriebsrat der ...... beschließt nach eingehender Beratung zur ordnungsgemäßen Erfüllung seiner Aufgaben,

1. Herrn/Frau ...... als Sachverständige(n) gem. § 80 Abs. 3 S. 1 BetrVG zu beauftragen.

2. Gegenstand der Beauftragung ist die Beratung und die Verhandlung zum Abschluss eines Interessenausgleichs und Sozialplans aufgrund der geplanten Betriebsänderung. Nach dieser ist ua ...... vorgesehen. Aufgrund der Komplexität der geplanten Änderungen ist die Beauftragung eines/einer Sachverständigen zur ordnungsgemäßen Wahrnehmung der Mitarbeiterinteressen durch den Betriebsrat erforderlich. Der/Die Sachverständige soll seine/ihre Tätigkeit sofort aufnehmen.

3. Die Kosten der Beauftragung belaufen sich auf ...... EUR pro Stunde zuzüglich Auslagen und Mehrwertsteuer. Nach Mitteilung des/der Sachverständigen ist ein Beratungsumfang von geschätzt etwa 40 Stunden erforderlich.

4. Der Arbeitgeber wird aufgefordert, gem. § 80 Abs. 3 BetrVG seine Zustimmung zur Hinzuziehung des/der Sachverständigen zu geben und zu erklären, dass er die Kosten übernehmen wird. Hierfür wird dem Arbeitgeber eine Frist bis zum ...... gesetzt.

5. Für den Fall, dass es mit dem Arbeitgeber nicht entsprechend Ziffer 4 fristgerecht zu einer Vereinbarung kommt, wird die Anwaltskanzlei ...... bevollmächtigt und beauftragt, ein arbeitsgerichtliches Beschlussverfahren auf Ersetzung der Zustimmung des Arbeitgebers zur Bestellung des/der Sachverständigen einzuleiten und durchzuführen.

Beschlossen am: ......

Abstimmungsergebnis: Ja: .../Nein: .../Enthaltungen: ...

____

Unterschrift Betriebsratsvorsitzende(r) Betriebsratsmitglied

Muster 9: Aufforderung zur Kostenübernahme für einen Sachverständigen

Betriebsrat der

...... GmbH

An die Geschäftsleitung

– im Hause –

Hinzuziehung eines Sachverständigen

Sehr geehrte Damen und Herren,

der Betriebsrat hat auf seiner Sitzung vom ...... beschlossen, eine(n) Sachverständige(n) zum Thema ...... hinzuzuziehen (siehe anhängendes Protokoll). Der Betriebsrat verfügt nicht über die Sachkenntnis, die der Komplexität der zu regelnden Materie angemessen ist. Er ist insbesondere nicht in der Lage, ... Der Sachverständige soll folgende Aufgaben haben:

- Sichtung und Prüfung der relevanten Unterlagen
- Beratung des Betriebsrats
- Ausarbeitung einer Betriebsvereinbarung
- Teilnahme an Verhandlungen mit dem Arbeitgeber

Als Sachverständige(r) wurde Herr/Frau ...... bestimmt. Er/Sie berechnet für die Beratungsstunde ...... EUR zzgl. MwSt. Hinzu kommen Fahrtkosten und ggf. Übernachtungskosten für die Beratungen und Verhandlungen vor Ort. Wir bitten Sie, die Übernahme der Sachverständigenkosten durch Unterschrift auf der beigefügten Kopie zu bestätigen.

Mit freundlichen Grüßen

____

Unterschrift Betriebsratsvorsitzende(r)

Die Übernahme der Sachverständigenkosten wird hiermit bestätigt

____

Ort, Datum Unterschrift Geschäftsleitung

Muster 10: Klagantrag auf Ersetzung der Zustimmung zur Hinzuziehung eines Sachverständigen

Betriebsrat der

......GmbH

Arbeitsgericht ......

...... *(Adresse)*

Antrag auf Einleitung eines Beschlussverfahrens

des Betriebsrats der ...... GmbH, vertreten durch den/die Betriebsratsvorsitzende(r) Herrn/Frau ...... *(Adresse)*

– Antragsteller und Beteiligter zu 1. –

Prozessbevollmächtigte: Rechtsanwälte ......, ... *(Adresse)*

gegen

die ...... GmbH, vertreten durch den/die Geschäftsführer(in) ......, ... *(Adresse)*

– Antragsgegnerin und Beteiligte zu 2. –

Namens und im Auftrag des Antragstellers und Beteiligten zu 1. bitten wir um Einleitung eines Beschlussverfahrens. Wir beantragen,

der Antragsgegnerin und Beteiligten zu 2. aufzugeben, dem Antragsteller und Beteiligten zu 1. die Zustimmung dafür zu erteilen, Herrn/Frau Rechtsanwalt/Rechtsanwältin ...... als Sachverständige(n) für den Abschluss einer Betriebsvereinbarung zur Einführung eines Zielbonussystems für außertarifliche Mitarbeiter hinzuzuziehen und ihm/ihr eine Vergütung in Höhe von ...... EUR plus Mehrwertsteuer pro Stunde hierfür zuzusagen.

Sachverhalt: ......

Rechtliche Würdigung: ......

Muster 11: Beschlussfassung über die Beauftragung eines Beraters

Sachverhalt:

Der Arbeitgeber plant die Verlagerung der Achsenproduktion in das Werk in Ungarn. Von der Verlagerung wären 250 der 900 Produktionsmitarbeiter betroffen. Der Arbeitgeber hat dem Betriebsrat bei einer Besprechung am 19.6.20... umfangreiche Planungsunterlagen zu dem Vorhaben übergeben.

Beschlüsse:

1. Der Betriebsrat beschließt, eine(n) betriebswirtschaftlichen Berater(in) nach § 111 BetrVG für die geplante Betriebsänderung, nämlich die Verlagerung der Achsenproduktion in das Werk in Ungarn zu beauftragen. Zu den Aufgaben des/der Berater(s/in) sollen ua gehören:

- Prüfung des Arbeitgeberkonzepts auf betriebswirtschaftliche Notwendigkeit
- Entwicklung von Alternativen zur weitgehenden Erhaltung der Stammbelegschaft
- Vertretung bei den Verhandlungen über einen Interessenausgleich

2. Der Betriebsrat beschließt weiterhin, hierfür Herrn/Frau Dr. ...... zu beauftragen. Es wird ein Stundenhonorar von ...... EUR zzgl. MwSt., für Fahrzeiten von ...... EUR zzgl. MwSt. und die Kostenübernahme für erforderliche Reisekosten vereinbart.

Beschlossen am: ......

Abstimmungsergebnis: Ja: .../Nein: .../Enthaltungen: ...

____

Unterschriften Betriebsratsvorsitzende(r) Betriebsratsmitglied

Muster 12: Auftragserteilung für einen Berater nach § 111 S. 2 BetrVG

Betriebsrat der

...... GmbH

Frau/Herrn ......

...... *(Anschrift)*

Sehr geehrte(r) Frau/Herr ......,

wie ich Ihnen bereits bei unserem Telefonat mitgeteilt hatte, plant der Arbeitgeber die Verlagerung der Achsenproduktion nach Ungarn. Hiervon werden nach Angaben des Arbeitgebers 250 der insgesamt 900 Arbeitsplätze in der Produktion an unserem Standort betroffen sein. Der Arbeitgeber hat uns über das Vorhaben in der letzten Woche informiert und uns die hier in Kopie beigefügten Planungsunterlagen übergeben. Wir möchten Sie deshalb als Berater(in) nach § 111 S. 2 BetrVG mit der Prüfung beauftragen, ob das Konzept der Unternehmensleitung betriebswirtschaftlich nachvollziehbar ist und welche Alternativen in Betracht kommen, um die Arbeitsplätze zumindest weitgehend erhalten zu können. Weiterhin möchten wir Sie bitten, uns bei den Verhandlungen mit dem Arbeitgeber zum Abschluss eines Interessenausgleichs zu vertreten. Als Vergütung haben wir ...... EUR zzgl. MwSt. abgesprochen. Reisezeiten zu Beratungen und zu den Verhandlungen hier vor Ort werden mit dem halben Stundensatz vergütet. Ebenfalls erstattet werden Reisekosten und notwendige Übernachtungen. Ihre Vergütung ist vom Arbeitgeber auszugleichen. Wie wir vorbesprochen haben, verzichten Sie ausdrücklich auf jegliche persönliche Haftung der Betriebsratsmitglieder. Ihre Beauftragung ist danach mit keiner Zahlungsverpflichtung des Betriebsrats und seiner Mitglieder verbunden. Wir bitten um kurze Bestätigung der Übernahme des Beratungsauftrags zu den vorgenannten Konditionen.

Mit freundlichen Grüßen

____

Unterschrift Betriebsratsvorsitzende(r)

Muster 13: Beschlussfassung über die Beauftragung eines Beraters und Vertreters nach § 111 BetrVG und § 40 BetrVG

Sachverhalt:

Der Arbeitgeber plant die Verlagerung der Achsenproduktion in das Werk in Ungarn. Von der Verlagerung wären 250 der 900 Produktionsmitarbeiter betroffen. Der Arbeitgeber hat dem Betriebsrat bei einer Besprechung am 19.6.20... umfangreiche Planungsunterlagen zu dem Vorhaben übergeben. Die vorgesehene Restrukturierung weist unter arbeitsrechtlichen und betriebswirtschaftlichen Gesichtspunkten eine hohe Komplexität auf. Der Betriebsrat ist nicht zur sachgerechten Interessenwahrnehmung in der Lage. Ihm fehlt insbesondere der für die Verhandlungsführung notwendige juristische und betriebswirtschaftliche Sachverstand. Er ist daher auf die Hinzuziehung eines Beraters gem. § 111 BetrVG bzw. Vertreters nach § 40 BetrVG angewiesen. Der Betriebsrat hat drei Angebote von Fachkanzleien für Arbeitsrecht eingeholt. Gegenstand der Beauftragung soll die Beratung des Betriebsrats und die Teilnahme an den Verhandlungen zum Abschluss eines Interessenausgleichs und eines Sozialplans sein. Keine der Kanzleien ist bereit, das Mandat zu den gesetzlichen Gebühren zu übernehmen. Die Kanzleien verlangen alle ein Stundenhonorar von ...... EUR zzgl. MwSt. sowie ...... EUR zzgl. MwSt. für Fahrzeiten nebst Reisekosten.

Beschlüsse:

1. Der Betriebsrat beschließt, eine(n) Berater(in) nach § 111 BetrVG und Vertreter(in) nach § 40 BetrVG für die geplante Betriebsänderung, nämlich die Verlagerung der Achsproduktion in das Werk in Ungarn zu beauftragen. Zu den Aufgaben des/der Berater(s/in) bzw. Vertreter(s/in) sollen ua gehören:

- Beratung des Betriebsrats im Hinblick auf einen Interessenausgleich und einen Sozialplan
- Vertretung bei den Verhandlungen über einen Interessenausgleich
- Vertretung bei den Verhandlungen über einen Sozialplan

2. Der Betriebsrat beschließt weiterhin, hierfür Herrn/Frau Dr. ...... zu beauftragen. Es wird ein Stundenhonorar von ...... EUR zzgl. MwSt., für Fahrzeiten von ...... EUR zzgl. MwSt. und die Kostenübernahme für erforderliche Reisekosten vereinbart.

Beschlossen am: ......

Abstimmungsergebnis: Ja: .../Nein: .../Enthaltungen: ...

____

Unterschriften Betriebsratsvorsitzende(r) Betriebsratsmitglied

Muster 14: Mitteilung an den Arbeitgeber über die Beauftragung eines Beraters

Betriebsrat der

...... GmbH

An die Geschäftsleitung

– im Hause –

Sehr geehrte Damen und Herren,

aufgrund der uns übermittelten Pläne zur Verlagerung wesentlicher Teile der Produktion nach Ungarn, hat der Betriebsrat nach interner Beratung und entsprechender Beschlussfassung Herrn/Frau ...... als Berater(in) nach § 111 S. 2 BetrVG beauftragt. Diese(r) soll insbesondere das vorliegende Konzept auf seine betriebswirtschaftliche Notwendigkeit prüfen und arbeitsplatzerhaltende Alternativen erarbeiten und den Betriebsrat bei den Verhandlungen zum Abschluss eines Interessenausgleichs vertreten. Die Beauftragung des/der Berater(s/in) ist unbedingt erforderlich. In der Anlage übersenden wir Ihnen den von uns gefassten Beschluss, dem Sie auch die Kosten der Beauftragung entnehmen können. Wir möchten noch vorsorglich darauf verweisen, dass die Beauftragung eines/einer Berater(s/in) nicht das Recht des Betriebsrats berührt, bei Bedarf auch noch einen Sachverständigen hinzuzuziehen (§ 111 S. 2 Hs. 3 BetrVG). Wir bitten abschließend um Bestätigung, dass Sie der gesetzlichen Verpflichtung zur Übernahme der Kosten des Beraters gemäß § 40 BetrVG nachkommen werden.

Mit freundlichen Grüßen

____

Unterschrift Betriebsratsvorsitzende(r)